# 投信の売り方

元・野村證券トップセールスが完全解説！

伊東 修

近代セールス社

# はじめに

「あなたの言う商品を100万円だけ買うから、もう勘弁して」

これは、私が野村證券に入社して、1年目のときに言われた言葉です。当時私は、駆け出しの証券営業マン。お客様のところを日々懸命に回ってはいたものの、「今忙しいから」「そういうの、いらないんで」などといった断りを1日100回以上言われ、門前払いをされ続ける毎日でした。

そんな中、私の話を、いつも笑顔で聞いてくれるおばあちゃんがいました。そのおばあちゃんは、私を初めて家の中に入れてくれたお客様でもありました。

おそらく、おばあちゃんにとって、私はいい話し相手だったのだと思います。私はそのおばあちゃんがやさしいのをいいことに、絶対に契約をとるべく、毎日会いに行っては世間話をし、金融商品をすすめていました。そんなある日、いつものように金融商品をすすめていたら、おばあちゃんに突然、冒頭の言葉を言われたのです。

そのときは、すごくショックだったのと同時に、自分自身や自分自身の仕事について、改めて考える機会になりました。

お客様と長時間世間話をしたからといって、あるいは何度もご自宅にお邪魔したからといって、必ずしもお客様からの信頼を得ることにはつながらない。

「そもそも営業って何なのか」
「お客様が望んでいらっしゃることって何なのか」
「この仕事って何なのか」

この体験は、15年以上経った今も、私の頭から消えることがありません。

*

本書は、銀行や信用金庫などで投資商品のセールスを担当している皆さんが、日々の業務の中で抱く「こんなときは、どうしたらいいんだろう?」「これってどう考えるべきなんだろう?」といった疑問や悩みに、私なりの解決策を寄せたものです。

前述のような体験のあと、私は曲がりなりにも、野村證券の同期の中で3年連続して営業成績1位を獲得することができました。これは、あのときの体験により、自分自身と、自分の仕事の進め方を見つめ直した結果だったと思っています。

この本では、以来、私が自分なりに考えてきた金融商品販売という仕事の進め方や、お客様との関係づくりについて、その後の私の証券マンとしての経験も合わせ、本音で述べたつもりです。私独自の営業ノウハウも数多く公開しています。

もちろん、銀行や信用金庫と証券会社では、営業スタイルが異なる面もあるでしょうし、お客様の層にも違いがあるでしょう。ただ、だからこそ、なかなか聞けない話もあるのではないかと思っています。


金融庁からの要請もあり、いま金融機関には、「顧客本位の業務運営」が改めて求められています。

ただ、本部が掲げる「顧客本位」という旗印の一方で、営業の現場からは、「顧客本位というが、そんなことを気にしている余裕はないし、それでは数字は上がらない」

「お客様のニーズとか適合性とか言うけれど、そもそも話を聞いてもらえないし、たとえ話せても時間はそんなにもらえない。そんな中でどう顧客本位を実現していけばいいのか」

といった声も聞こえてきます。

そもそも「顧客本位」の金融商品販売を行うためには、まずは販売員自身が、お客様に話をしたいと思ってもらえるような人間であることが必要であり、話を聞いてもらえるだけの商品説明能力・商品提案能力を身につけていなくてはなりません。

また、別の言い方をすると、しっかりした営業スキルを持つ販売員にとって「顧客本位」は、営業成績を上げることと決して矛盾するものではありません。

本書には54項目のQ＆Aを掲載していますが、いずれもよくあるようなパターン化されたQ＆Aではなく、実際の現場でよく見られるリアルな悩みを取り上げています。

ぜひここから、真の意味での「顧客本位」の営業を実践し、かつ実績を上げるためのノウハウをつかんでください。

伊東　修

# CONTENTS

元・野村證券トップセールスが完全解説！
投信の売り方

# 第1章

# 商品説明の悩みが解決するQ&A

Q

01

投資信託を販売する際にはお客様に多くのことを
説明する必要があり、

**どうしても話が長くなりがち。**

長い説明はお客様にも負担でしょうし、

**最後まで集中して**
**聞いていただけない**

ことも多いのですが、
いい対策はありますか?

A

投資信託の商品内容やリスク等について説明する際には、こちらから一方的に話すのでなく、双方向のコミュニケーションをとりながら話を進めることが大切です。そのためには、お客様が疑問をもったときすぐに質問できるように、「疑問があったらおっしゃってください」という声かけを最初に必ずするようにします。

説明が長くなってしまっても、一方通行にならず、きちんとコミュニケーションが図れていれば、お客様はそれほど負担を感じないものです。例えば、同じ15分間説明するのでも、一方的に説明するのと、コミュニケーションをとりながら説明するのとでは、お客様の時間の感じ方も全く変わってきます。

また、**できるだけお客様が興味をもてる事例やトピックをあげて説明する**ことも大切です。ただ単に目論見書に書かれているリスクを読み上げているだけでは、お客様は理解しにくいだけでなく、興味ももてません。興味がもてない状態で話を延々と聞かされても眠くなってしまうだけです。説明が難しいと、最終的には「もう預金でいいよ」と投げ出してしまうことにもなります。

そうならないためには、お客様にどうにかして興味をもってもらうしかありません。

一例として、運用自体が初めてのお客様に為替リスクを説明する場合で考えてみましょう。

万が一日本が破綻した場合、日本円の価値は3分の1程度に下がるといわれています。現状1ドル107円であるのが1ドル320円ほどになるということですから、輸入コストが跳ね上がり、物価の上昇が起こります。もし日本円の預金しかないと、物価が上昇しているため買えるものが少なくなってしまいます。

このように、日本円しか保有していないことのリスクを説明する場合でも、こういった事例をあげて説明すれば、お客様に関心をもっていただきやすいものです。

同様に、株式投資が全く初めての方にいきなり株のリスクについて話をしても、やったことがないからわかりませんということになってしまいます。

ですから、**興味をもってもらえそうな事例やトピックをあげて、現状との比較をする**ことがポイントになります。

リスク説明の主な項目は、「株」「為替」「債券価格」「信用リスク」「流動性」の5つです。各項目に1つずつ具体的な事例やトピックを用意しておけば、これから先ずっとその話を使うことができます。

また、私はよく、**お客様にクイズ形式で質問**を出したりもしていました。

具体的にはこんな感じです。

「日経平均株価は、1990年のバブル期には3万8000円を超えていました。お札を振ってタクシーを止めるといった話があったり、高級品が飛ぶように売れた時代です。その時代と今とでは、日本の企業はどちらが儲かっていると思いますか」

ちなみに、答えは現在の企業であり、過去最高益は当たり前で、バブル期の2倍以上の利益を上げています。こうした話を交えながら、お客様を飽きさせないように説明をしていくのです。こうしたクイズ形式の説明には、お客様が理解を深めやすいというメリットもあります。
自分なりに、こうしたオリジナルの「ネタ」を事前にいくつか準備しておくといいですね。

POINT

**説明が一方通行にならないよう、コミュニケーションをとりながら話そう。お客様が興味をもちそうな事例を示したり、クイズ形式で説明することも有効。**

# Q 02

リスクについて説明している際、

## 途中でお客様から「もういいよ」と言われてしまいました。どうしたらいいでしょうか？

途中で説明を省略したら、あとで問題になるのでしょうか？

**A**

お客様から「もういいよ」と言われても、**リスクの説明は最後までしっかり行わなければなりません。**もし、途中で説明を省略したりしたら、お客様が損失を出してクレームを言ってきた場合、責任を問われることになります。

では、リスク説明の途中でお客様から「もう説明しなくていい」と言われてしまった時にはどうすればいいのか。その場合の対処法は、**ひたすら謝る**ことです。何に対して謝るのかというと、お客様の貴重な時間を奪ってしまっていることに対してです。

お客様からすると、リスクの説明を聞くことは、ただ面倒くさいだけなのです。その**面倒な話を聞いていただいている、お客様の貴重な時間を頂戴している、ということを販売する側が理解し、その姿勢を示しましょう。**そうすれば、お客様は納得してくださるものです。

このようにお客様の気持ちに理解を示したうえで、リスクについては、きちんとすべて説明しなくてはなりません。

ただし、**お客様には説明を聞く責任があるといったことを当たり前のよう**

**に言うのは、絶対に避ける**必要があります。せっかく投資信託の購入に前向きだったのに、そういう言い方をしてしまったがために、「じゃあ、もう要らない」と購入していただけなくなることは多いものです。

私であれば、例えば、「ご存知のことを本当にすみません。形式的なことなのですが、法律で説明が義務づけられておりまして、できる限り短い時間で完了させますので、よろしくお願いいたします」というような言い方をすると思います。

リスクの説明をする際には、最初から謝る気でいたほうがいいかもしれません。

**POINT**

お客様の貴重な時間を奪っていることを、ひたすら謝る。そうしてお客様の気持ちに理解を示したうえで、リスクの説明はしっかりと全部行うこと。

Q
03

商品説明では、先にリスクの説明をし、
それからリターンの可能性の説明に入るべきだ
という話を聞きました。
それだとどうしても、
**リスクの話で**
**お客様の気持ちが**
**引いてしまう**のですが、
逆の順番ではダメなのでしょうか？

おっしゃるとおり、投資商品の説明にあたって、最初にリスクの説明をするのは合理的ではありません。購入してもらえるかどうかわからない投資商品について、いわばお客様の時間を奪ってまで説明を行うにも関わらず、最初にリスクの話をすることで、いきなりお客様の興味を無くさせてしまう可能性があるからです。

ただ、だからといって、最初にリターンの話をすると、そのときはお客様の反応がよくても、その後リスクの話をすると、「それを先に言ってよ、それだったらやらないよ」と言われてしまうケースもあります。

この場合お客様は、いい話を聞いて期待が高まっていた分、その反動で裏切られたと感じやすいものです。結果として、最悪の場合、お客様の信頼を失ってしまいます。こうしたケースでは、先にリスク説明をしたほうがよかったということになります。

では、どうしたらいいのでしょう。

**望ましい説明の順序は、お客様の投資経験により異なります。**経験が少な

い お客様の場合、最もバランスがいいのは、前もって、**「リスクの説明はこの後にさせてもらいます」と伝えておいたうえで、先にリターンの話を持ってくる**という方法です。

もちろん、断定的に「このくらい利益が出ます」などと言ってはいけないわけですが、リスクについて一言触れたうえで、まずはリターンの可能性をお話しする。そして、**少なからず話の続きを聞く必要があるかどうかの判断をお客様ができる状況をつくってから、リスクの説明をする**のが現実的でしょう。

特に銀行のお客様に対しては、こうした方法が向いているのではないかと思われます。なぜなら、投資に慣れていないお客様の場合、先にリターンの話をすると「そんなにいい話をして、騙そうとしているんじゃないか」と思ってしまう方もいるからです。ですから、リスクの話は後で説明します、と先に伝えておくことが重要になるのです。

商品への興味が低いお客様や、投資経験が少ない方に対しては、こうして前もって一言言っておいたほうが安心でしょう。

一方、投資経験も豊富で、金融リテラシーが高いお客様の場合は、最初にリスク説明をしてしまうと馬鹿にされたと感じる方もいます。最初にリターンを説明した後に、「お客様はご存知かと思いますが、リスクの説明をさせていただきます」といった感じで説明すれば悪い印象は与えません。

このように、**お客様の投資経験や金融リテラシーに応じて、説明の順番を変える**ことがうまい説明方法といえるでしょう。

**POINT**

**リスクについて一言触れたうえで、まずはリターンの可能性を説明する。ただし、投資経験が豊富なお客様に対しては、ストレートにリターンの説明から入る。**

# Q 04

リスクの説明をする際、
**お客様がどこまで理解して**
**くれているか不安**
になることがあります。
お客様が理解しているかどうかは、
**どのように確認したら**
**いいのでしょうか?**

A

お客様に資産運用の経験があるかどうかで対応は変わりますし、経験があったとしても、いまご説明している商品と同じような商品に投資したことがあるかどうかでも変わってきます。

もし、お客様にとって全く初めてのタイプの商品なのであれば、「ここのところは皆さん、わかりづらいポイントなのですが、お客様はいかがですか?」といったように、**ポイントごとに確認をおこないます。**

誰しも、よくわからない商品を購入したいとは思いませんよね。不安な気持ちのまま購入すると、あとで嫌な気持ちになってしまいます。ですから、お客様の気持ちに寄り添い、商品のことを理解してもらうように、疑問がないか逐一伺っていくようにすべきでしょう。

中には、本当はちゃんと理解していないけれど、わからないと言うのが恥ずかしくてわかったふりをするお客様もいます。ストレートに「わかっていますか」と聞いてしまうと、上から目線で不躾に思われる可能性もありますが、「みなさん、ここで引っかかるんです」という言い方をすれば失礼になりません。**わからなくて当たり前という前提で話していけば、お客様も、わ**

**からないことはわからないと、正直に言っていただける**でしょう。

お客様がきちんと理解しているか判断できないときには、「ここはみなさん非常に悩まれるところなので、詳しく説明させていただきます」という感じで、ひとつのサービスとして、徹底して深く理解をしてもらうようにしましょう。

一方、資産運用の経験があり、類似の商品への投資経験もあるお客様であれば、基本的なことは把握しているとの前提で、**今回の商品は今まで保有していた商品とどう違うのかにポイントをおいて、そこの部分の理解を確認する**ようにします。

例えば、日本株の投資信託の経験があるお客様が、日本株だけでなく外国株も一部入っている投資信託を今回検討されているとしましょう。そうした場合には、外国株は日本株と比較すると為替のリスクが入っていること、国の情勢が異なるためその国のリスクがあること、逆に、日本株のみの投資信託と比較すると、日本特有のリスクは減らすことができる可能性がある、といったことにポイントを置いて説明します。

一通りのリスク説明はすべて行う必要がありますが、ポイントとなる部分を重点的に説明するということです。

**POINT**

**運用経験が少ないお客様にはポイントごとに逐一確認。その際は、わからなくて当たり前という言い方で。経験者には、これまでの商品との違いを重点的に確認。**

Q

05

# 投資は初めてというお客様。

あまりにも知識がなく、私からの説明だけでは限界があると思われるので、

# 事前に本を読んでもらったり、セミナーへの参加を促そうかと考えています。

こうしたことってありでしょうか。

A

どんなに少額のお取引であっても、投資商品を購入いただくお客様には、そのリスクや商品内容を理解していただかなければなりません。そこで、一通りのご説明は行ったうえで、参考になる本を紹介したり、セミナーへの参加を促したりする対応は非常に有効です。

これは、お客様への対応に手を抜くということでは決してありません。時間的・コスト的な制約がある中で、その商品のリスクや内容をお客様にきちんと理解していただくことが、投資商品を販売する際の大前提だからです。

このようなことを言うと、それは証券会社の考え方だと言われるかもしれませんが、**資産額によってお客様への対応を変えることはごく普通なこと**だと思います。例えば、10億円の資産がある方にはひとつひとつ丁寧にご説明ができたとしても、10万円のお取引のお客様に同じような対応を行うことはコスト的に難しいでしょう。

証券会社よりも小口のお客様が多い銀行や信用金庫などでは考え方も変わってくるかもしれませんが、**自社で説明用の資料を用意していたり、セミナーを開催しているところも多いでしょうから、それらを存分に活用すると**

いいと思います。
ちなみに私の場合は、資産が１０００万円以下のお客様については、資料やセミナーの活用を念頭に話を進めます。

**POINT**

**時間的・コスト的制約がある中、資産額の少ないお客様への対応としては非常に有効な方法。自社で用意されている資料やセミナーなどを存分に活用しよう。**

# Q 06

ある投資信託をおすすめしたお客様から、

**「それって手数料高くない？」と**
**言われてしまいました。**

こうしたお客様に対し、
手数料について、どこまでどう
説明すればいいのでしょうか？

A＜

手数料に関しては、特にきちんと説明する必要があります。儲けが出ているときは、お客様もそこまで手数料を気にされません。しかし、リターンがマイナスに転じると、最初は気にならなかった買付け時の手数料が気になり出したり、損をしているうえに手数料（信託報酬）を払い続けなければならないことに不満を持ち始めます。そのときのお客様は相当シビアですから、**なぜこのような手数料体系になっているのか、なぜこちらの商品のほうが手数料が高いのかといったことは、販売時にしっかり説明しておかなければなりません。**

外国の投信であれば、現地で企業の調査を行ったり英語の決算書を翻訳したりするのにコストがかかるので、国内の投信よりも手数料が高くなるといった説明ができます。できれば、**他の投信会社の商品も含めて手数料比較を行うべき**でしょう。そのような説明を行ったうえで、基本的には手数料の低い投信をおすすめするべきです。

為替ヘッジに関しては、ヘッジ付きのほうがリスクが低いので多少手数料は高くてもそちらをおすすめするなどの例外はありますが、そこはお客様とコミュニケーションを取りながらリスク許容度に応じて落とし所を見つけていけばいいと思います。

ここからは少し余談になりますが、金融業界を取り巻く問題点なので少しお話しさせてもらいます。

仕入れが多いほど価格を下げることができるのと同じ原理で、投資金額が多いほど手数料は安くできるものなのですが、金融商品でそれをしてしまうと、お金がない人から高い手数料を取ることになり、つまりは弱いものいじめと同じになってしまいます。それはある意味仕方のないことでもあるのですが、このことは金融庁が近年、業界全体に注意喚起を行っているポイントでもあります。

日本人の家計金融資産は１８００兆円ほどだと言われていますが、そのうちの半分が現預金に眠っています。手数料を稼ごうとするのではなく、本当にお客様のためになる販売を行っていれば、いずれお客様も投資の必要性に気づき、現預金から投資へとお金が回っていくでしょう。そうなったとき、日本人のリスク許容度は世界一です。

投資資金が国全体で増えれば、結果的に必ず運用会社や販売会社など金融機関にも利益がもたらされるはずです。そのためにも、真にお客様のためになる商品をご提案し、信用を得る努力をすべきなのです。

数少ないお客様から手数料をたくさんいただく努力をするよりも、これから投資を行う新規のお客様を開拓していくほうが健全だと考えられます。

POINT

**手数料は時間をかけて説明すべき重要なポイント。手数料の体系や、その商品の手数料が高い理由など、しっかり説明できるようにしておこう。**

# Q 07

例えば、国債のリスクについては、専門家の中でも財政問題から暴落する可能性があると考えている人もいれば、ほぼ元本保証だと見ている人もいます。このように

## 専門家の見方が分かれる中で、商品のリスクをどう説明すればいいのでしょうか？

A<

この場合、過去の事例を引き合いに出し、**自分なりの意見をお客様にお伝えする**といいでしょう。

例えば、日本の国債については、「2001年にアルゼンチンが財政破綻しましたが、このようなことが日本にも起こる可能性はあるんですよ」というようにリスクを説明することができます。実際、国としての借入金額は、絶対額で見ても、GNP対比で見ても、アルゼンチンが破綻したときに比べ、今の日本は深刻です。

このとき、日本国債についても暴落の可能性があるということを脅すように話す必要はありませんが、まさかの事態が起こる可能性があるということは伝えなくてはなりません。

過去の事例やそれに対する自分の見解を引き合いに出すことで、販売員としての自身の勉強度合いや、ものの見方をアピールすることもできます。**お客様は販売員の意見が聞きたくてわざわざ窓口までいらっしゃっています。**お手数料を払ってまで投資信託などを窓口で購入する意味はそこにありますから、積極的に自分の考えをお伝えしましょう。

**お客様が最終的にご自身で判断が下せるよう、いろいろな見方や判断材料を提供するのがプロの仕事**です。

POINT

お客様に判断材料を提供するのが自分たちの仕事と考え、過去の事例などを紹介するなどしながら、積極的に自分の意見や考えを伝えるようにしよう。

# Q 08

投資や金融に詳しいお客様の場合、リスク等についての説明はどこまで行えばいいのでしょうか？

「そんなことわかっているから」と言われることもあります。

A＜

たしかに、リスクについて十分な知識をお持ちのお客様も実際にいらっしゃいます。ただ、法律では、そのようなお客様にもリスクの説明はしなくてはいけないと定められています。ですから、そうしたお客様にリスク説明を行う際には、**最初に一言、「お客様はすでにご存知のことで大変恐縮ですが」とお断りを入れる**ようにします。

リスクについて理解しているお客様に改めてリスクのご説明をすると、馬鹿にしている印象を与えかねません。お客様のプライドを傷つけないよう、必ず最初にこの一言を添えるようにしましょう。

ただ、お客様の中には、ご本人は理解しているつもりでも、実はリスクや商品の特性についてよくわかっていない方もいらっしゃいます。私の感覚としては、9割はそういったお客様です。国内資産が投資対象の商品は購入したことがあっても、為替リスクについては理解していない、ハイイールド債は格付けの低い「ジャンク債」の集まりであることを理解していない、というようなお客様は少なくありません。

そうしたお客様に改めてリスクの説明をすることで、実はきちんと商品を理解していなかったということに、お客様自身が気づくというのはよくあることです。

同じような投資対象の商品しか購入されたことのないお客様は、リスクや商品内容はどれも同じだろうと思いがちなので、金融商品は個々に違った特徴があるという点をしっかりとご説明しましょう。

POINT

リスク等の説明を行う前に、「すでにご存知のことで恐縮ですが…」と一言添えよう。実は理解していないお客様も多いので、説明はしっかりと。

# Q 09

## 投資にまつわる税金について、お客様にどこまで話していいのでしょうか？

こちらから積極的に話さなくても、お客様から質問されることもあり、税理士法との関係で対応に困ることがあります。

投資と税金は切っても切れない関係にありますので、最低限のことはお客様にお伝えしなくてはなりません。そこで問題となるのは、どこまで話をしたら税理士法に抵触するのかということですが、**具体的な税金額を明示するのはアウト**です。すでに利益が確定した段階で税金がいくらなのか知りたいということであれば税理士への依頼を促しましょう。

これから商品を購入しようとしている段階で、大体の税金額を知りたいようであれば、仮にこのくらいの利益が出たら、このくらいは税金で引かれます、というような話はして問題ありません。むしろ、そのくらいの話はしないといけません。それなしで、いきなり税理士に相談してくださいというのでは全く説明が足りていません。

利子所得、配当所得、譲渡所得の違いや、納税方法、何パーセント引かれるのかといった**一般論については答えたうえで、具体的な金額については税理士に確認してくださいと答えればＯＫ**です。

また、少し話が横道にそれますが、外貨投資でよく比較される金融商品に外貨預金と外貨ＭＭＦがあります。外貨預金の為替差益は「雑所得」に分類され、確定申告による総合課税の対象です。所得税率は最低で5％ですが、最高で45％となります。その一方で、２０１５年まで、外貨ＭＭＦの為替差益を含む値上がり益は非課税でした。つまり、同じように為替差益で儲けが出たとしても、金融商品によっては税金に大きな差が出るケースがあるということです。

これは極端な例ですが、こうしたことを知っているか知っていないかで、こんなに大きな差が出る場合があるということです。

税制については改正されることも多いので、常に最新情報をキャッチアップしておかなければなりません。

POINT

**確定した利益に対して税金の額を示したりするのはアウト。税制の一般的な話や、仮の利益額に対する税額などはＯＫで、そうした説明はむしろ必要といえる。**

Q

10

# 組入資産の価額が上がっているのに、投信の基準価額がマイナスに

なっていることに対し、説明を求められました。どうしたら、お客様に納得してもらえるでしょうか？

A

このような問い合わせがあるという時点で、お客様が基準価額の変動理由を理解していない、つまり販売の際の説明が不十分だったということでしょう。基準価額は、組入資産の価格変動だけでなく、手数料や分配金の払い出しによっても下がるという説明をきちんとしておかなければなりません。

ただ、それはそれとして、現実にこうした問い合わせがお客様からあった場合には、**決して曖昧な返答はせず、運用会社に確認をとって、具体的な基準価額の変化の内容や要因をお伝えする**ようにしましょう。

いつからその組入資産になっているのか、分配金がいつ、いくらあり、基準価額がどのように変化したのかなどの具体的な数字が見えれば、お客様にもご納得いただきやすいでしょう。

決して、その場しのぎに「手数料や分配金の関係です」と曖昧な返答はしてはいけません。後のトラブルを避けるためにも、問い合わせがあった時点で適切に対処するようにしましょう。

また、その商品を購入していただいたときから期間が経過している場合は、これを機会に、現在のマーケット動向について再度自らの考えと予想をお伝えするようにします。

POINT

**基準価額が下がった要因について、運用会社に具体的な数字を確認のうえ回答。同時に、現在のマーケット動向について、再度自らの考えをお伝えする。**

# Q 11

**外国の債券や株式で運用するファンド**についても、これから力を入れて

売っていきたいと思っているのですが、

**気をつけないといけないことが多そうで不安です。**

どんな点に注意したらいいですか？

**A**

証券マンの中にも、為替に苦手意識をもっている人は多く、外国物には一切関与しないという証券マンもいるほどです。おそらく、銀行員の皆さんの中にもいらっしゃるのではないでしょうか。

外国物を扱う場合、説明の際に気をつけなければいけないのが、相場観はもちろんですが、一番は**どのタイミングで購入するか**です。

例えば、外国債券では、債券の約定と為替の約定との時間差が生じることがあります。また、投資信託であっても、オーダー（約定）後、実際にその投資信託を買い付けるのは、外国時間の関係などで翌営業日や翌々営業日になったりします。ですから、**実際の買い付け日がいつになるのかを把握しておく**ことは基本であり、とても大切なことなのです。解約のときも同様で、どのタイミングで為替が円に転換されるかということをお客様に説明しておかなければなりません。

解約をオーダーした時点で約定していれば儲かったはずなのに、実際の約定時には値下がりしていて利益が出なかったということもあります。お客様は解約の注文をした時点で利益確定したと思っていても、ファンドの価額が変わってしまいトラブルになるケースはよくあります。

ですから、**事前にタイムラグによるリスクを把握してもらう**ことが非常に重要です。逆にいうと、ファンドごとに、何時までの注文だったら翌日、何時以降だと翌々日の買い付けといったことを把握していると、お客様からの信頼を得やすいということです。**買い付けのタイミングは必ずしっかりとチェックしておきましょう。**

私もお客様から、「外国為替が絡む商品は時差の問題などで買い付けの日時がずれることがあるので不安だ」といったことをよく耳にします。実際の買い付け時刻は通貨やファンドによっても違い、把握しづらいから不安というわけです。

また、投資信託はお金を振り込んでもらってから購入するわけですが、買い付けが翌々日くらいになると、基準価額がブレてお金が不足してしまう、円で振り込んでもらってもドルに替えた時に金額が足りなくなってしまうという問題もあります。

ただ、こうした約定についての情報をうまく駆使できると、お客様が迷っている時には「何時までに注文しないと約定が翌々日になっちゃいますよ」とお客様の判断を促すこともできます。

情報をうまく利用できれば自分の武器になりますから、そのあたりをしっかり勉強して、苦手意識を克服しましょう。

外国物の販売に苦手意識をもっている人が多いと述べましたが、その理由の大きなものとして、為替が関わってくると説明することが多くなり、特に、そこに世界情勢が絡んでくることがあると思われます。

例えば、お客様から「イラン情勢を考えたとき、ドルってこれからどうなの?」と聞かれても、事前に調べていないと、なかなかしっかりした回答は難しいでしょう。為替の動きにはグローバルな要因が絡み合うので、理解は容易ではありません。

もちろん、頑張って勉強する姿勢は大切です。ただ、世界情勢を勉強するよりも、基本中の基本である商品ごとの買い付け日を把握しておくことは、その前提としてさらに重要だと思います。

約定のタイミングについてしっかり説明できるようになると、それが一つの安心感になって、世界情勢についての情報をもっと集めようとか、次の段階にステップアップしていけるということもあります。

特に、アメリカの雇用統計などのイベントをまたぐと相場が大きく動くことがあるので、**約定のタイミングに関するお客様への説明は一番重要**です。決して忘れてはいけません。

また、外国物の説明を行う場合、もう一つのポイントは、**その商品が外貨のまま解約できるか**どうかということです。外貨のまま解約できるのであれば、その外貨で「こういうことをやりましょう」と次のストーリーをご提案できるかもしれません。ですから、外貨で解約できるのか、そうではなく円に転換するファンドなのかという点もチェックしておきましょう。

さらに、為替手数料も重要で、**為替手数料も加味してお客様に商品のご提案ができるかどうか**は販売員の腕の見せどころになります。

大口の注文になると為替手数料が安くできるので、交渉次第で、お客様が取引金額を増やしてくれる可能性だってありますからね。

最後に、外国物を取り扱う場合に最低限押さえておかなければならないポイントを挙げておくこと、次の5つとなります。

・いつの為替か
・いつの単価か
・円での入金か、外貨での入金か
・償還は外貨か
・投信の手数料と為替の手数料

**POINT**

どのタイミングで購入するかが最も重要となるため、実際の買い付け日や解約時の円転日はしっかり把握しておく。外貨のまま解約できるかどうかも大切。

# 第2章

# 商品提案の悩みが解決するQ&A

Q
01

投資は初めてというお客様から、
# 「初心者向けの投資信託を紹介してほしい」と言われました。

投資信託に、初心者向けの商品というのはあるのでしょうか?

A

結論から言いますと、**初心者向けの投信というものはありません。**

よく、「最初にやるんだったらこんな感じの商品で」といった言い方でセールスをする人がいますが、これはよくありません。おそらく、あまり変動がない、リスクの低い商品という意味なのでしょうが、リスクは少なくても変動商品に手を出すわけですから、最初も何もなく、損をするときはするのです。

デリバティブなどの難しい手法を用いない理解しやすい商品を指して、初心者向け商品と言う場合もあるでしょうが、どのような商品であっても、それぞれに特徴があり、奥が深く、初心者向けのカテゴリーに括ることはできません。

よく、日本株だから、日本債券だから理解しやすく簡単と考えている人がいますが、そんなことはありません。日経平均に連動する投信であっても、価格が半分になることだってあります。「仕組みが簡単＝リスクが小さい」と思っているとしたら、それは大きな勘違いだということです。

ですから、**「投資初心者にはこの商品」といったアプローチではなく、お**

**客様と向き合って、ご希望や属性などに応じて、それぞれに合った商品をご提案していくのが最も正しい方法**です。「最初のお取引であればなおさら、お客様に一番合った、私が心の底からよいと思った商品をご案内させてください」といったトークで、ご提案してはどうでしょう。

少し脱線しますが、面白い話を聞いたことがあります。以前、日本を代表する大きな法人との取引を開拓した方がいたんです。その人は、その法人に何度も何度も訪問し、やっと口座開設までこぎつけたということでした。それで、最初に何をおすすめしたかというと、日本国債だったそうです。いきなりリスクの高いものだとまずいと思ったんでしょうね。その国債は購入していただけたそうですが、結局、取引はそれっきりになったということです。

私が思うに、国債をすすめた時点で、「つまらない、付加価値のない奴」と思われたのではないでしょうか。担当した本人からしたら、「とりあえず最初はこれで」って感じだったのでしょうけど。

私だったら、自分らしさが一番出る商品ということで、株式をご案内したでしょうね。

投資が初めてという方の中にも、ある程度リスクをとって、リターンを求めたいという方はいます。**「初心者だから」ではなく、「このお客様だから」という観点でご提案をしましょう。**

POINT

初心者向けの投信というのは存在しない。「初心者だから」ではなく、お客様としっかり向き合って、そのお客様に合った商品をご提案するようにしよう。

Q

02

お客様に

「そんなにいい商品なら、あなたが投資すればいいではないか」と言われました。

どう答えたらいいでしょうか？

A

**「余裕があったらもちろん購入します」**と答えます。私の場合、本当にそう思っている商品しかご提案しませんし、こうした言い方ならお客様も悪い気はしないはずです。もちろん、実際に自分で購入しているのなら、「私もこのファンドは持っていて、直近1年だとリターンはよかったですよ」などと話をすればお客様にはかなり強力なアピールになります。

株式だと規制もあって販売員が購入できない場合もありますが、自分がいいと思うファンドで、それを購入できるなら、**実際に保有して確かめてみる**のもありでしょう。

POINT

一つの答え方は、「余裕があったらもちろん購入します」というもの。可能なら実際に購入して保有してみることが、お客様への強力なアピール材料になる。

Q

03

投資信託の購入を考えているというお客様に、時間をかけて、十分な説明を行ったのですが、

**「まだ迷っている」と言って、なかなか結論を出してもらえません。**

こうした場合、どう対応したらいいですか？

お客様の結論が出ないとき、私のやり方としては、**何か近々起こるイベントに焦点を当てて、そのイベント前に買ったほうがいいのか、後に買ったほうがいいのかという形でご提案します。**

イベントというのは、アメリカの雇用統計や日銀短観、いろいろな企業の決算の発表といった、相場に影響を与える出来事を指します。そのイベントによって相場が動く可能性があるので、イベント前に購入すべきであるとか、イベント後にその結果を見てから購入の判断をすべきであるといった説明をするということです。

例えば、商品の購入を迷っているお客様に、「アメリカの雇用統計の発表を待って、それがよかったら買いましょう」とご提案したとします。そして、実際に発表された雇用統計の数値がよかったら、その時には、お客様に「じゃあ購入しましょう」と案内できますよね。私自身、この手法を用いてからは、成績が何倍にも伸びました。

証券マンでも、迷っているお客様にうまく対処できない人は大勢います。

お客様が検討すると言って決断を先延ばしにする場合、家に帰って家族の方と相談することが多いですが、そうなってしまうと結局、「もう少し様子を見ます」と言って購入しないパターンがほとんどです。

しかし、「雇用統計がよかったら購入しましょう」と一歩踏み込んだご提案をすることによって、「雇用統計がよかったら購入しないかって、すすめられたんだけど、どう思う?」と家族の方に相談し、「そう、じゃあ、よかったら購入すればいいんじゃない」とご家族の方が後押ししてくれることがあります。

**購入の基準をこちらが提案することにより、お客様も踏ん切りをつけやすくなる**わけで、非常に効果が高い方法だと言えます。

ここからは少し余談になりますが、イベントをきっかけとした、こうしたセールス方法について、「タイミングを狙った投資は望ましくない」「投信は積立投資により、時間を分散させ、ドルコスト平均法で購入していくべきだ」という意見を言う方もいます。果たして、そうなのでしょうか。

私たちは、お客様に有益でタイムリーな情報を提供するのが仕事です。タイミングを見て一括投資をするお客様は、私たちが提供する情報という付加価値に共感していただいているのであって、積立を提案するにしても、ただ単にドルコスト平均法で購入しましょうという提案だったら、わざわざ高い手数料を払う必要性はありませんよね。例えば、税制面でメリットのあるつみたてＮＩＳＡやｉＤｅＣｏ（イデコ）を提案するとか、積立をスタートするタイミング等を合わせて提案するといった付加価値がなければ、手数料をいただいて行うサービスに値しないでしょう。

多くのお客様が、銀行よりも証券会社を選んで投資商品を購入されているのは、お客様が証券会社の販売員に付加価値を見出しているからだと思っています。

もっとも、証券会社の人間が必ず高い付加価値を提供できているかと言うと、そうでもありません。高い志をもち、勉強を続けている人もいますが、勉強を全くしていない証券マンもたくさんいます。

情報を常にアップデートし、その最新情報をもとに、いま何の金融商品がよいのかを考えなければなりません。お客様に付加価値を提供するには、そうした努力が必要になるのです。

POINT

**相場に影響を与えるイベントに焦点を当て、その結果によって購入を決めてもらうなど、お客様が踏ん切りをつけやすくなる購入の基準を提案してみよう。**

# Q 04

新しい投資信託が出たので、
電話でお客様にすすめたところ、
**「必要ないし、**
**こんな頻繁に勧誘の電話を**
**してくるのはやめてくれ」**
と言われてしまいました。
もうこのお客様には、
連絡してはいけないのでしょうか？

A

そもそもこのような断りを受けるのは、新しい商品が出たときだけ電話をしてくるという〝安っぽさ〟に対し、お客様が拒否感を持たれたということだと思います。一度このように断られてしまうと、その後のセールスのためには、再度、人間関係を築いていく必要があります。

そのため、次からは商品の勧誘ではなく、そのお客様に喜んでいただけそうな情報の提供から始めることが賢明でしょう。例えば、お客様が保有している商品についての情報や、お客様の仕事に関係するレポートなど、**喜んでいただけそうな情報を提供して、まずは話を聞いていただける状況をつくりましょう。**

銀行であろうと証券会社であろうと、総合金融サービス業なので、金融商品を売りつけるだけでなく、お客様にとって必要な情報、有益な情報を提供することは大切な業務のひとつだといえます。

POINT

連絡することは構わないが、商品勧誘は控え、お客様に喜んでいただける情報の提供から始める。一度断られてしまったら、再度関係づくりから。

Q

05

# お客様が希望する商品と自分が提案したい商品が異なる場合、

どのように考えて対応すればいいのでしょう?

A

お客様が欲しいとおっしゃる商品と、自分が提案したい商品が一致しないことは、決して珍しいことではありません。こうした場合、お客様の希望を尊重するのが当然と考える方は多いと思います。

ただ、本当にそれでいいのでしょうか。ここで考えていただきたいのは、一般的に言って、お客様の有している情報量や投資に関する知識は、必ずしも十分でないケースが多いということです。

そのお客様は、なぜその商品を希望されているのでしょう。その商品で利益を得たお友達にすすめられたのかもしれませんし、雑誌や新聞などで記事や広告を見て、気にいったのかもしれません。

しかし、お友達はその商品で利益が得られたのかもしれませんが、いまお客様が同じ商品を買って、同じように利益を出せるかどうかはわかりません。投資商品の収益性は常に変動するものであり、昨日儲かったから、今日も儲かるとは言えないのです。また、記事や広告の内容をそのお客様がどこまでしっかり理解しているかも、確認しなければわかりません。

つまり、**お客様が希望している商品が、そのお客様にとって本当に最適な、**

**いま買うべき商品とは必ずしも言えない**のです。

私たちは金融のプロとして、そうした十分な知識や情報が根拠にあるわけではないお客様の希望に対し、より広く、深い知識や情報を提供して、よりよい選択に導いてさしあげることも大切なのではないでしょうか。

例えば、特に年配の方に人気の高い投信に毎月分配型がありますが、ハイイールド債で運用しているものが多く、リスクは高めです。毎月分配を行うことにより、運用効率も悪くなります。毎月分配型を希望するお客様には、まず、そうしたデメリットを理解されているか確認する必要があるでしょう。仮に理解が不十分なまま毎月分配型を希望しているのであれば、お客様の投資目的や資産状況なども踏まえたうえで、別の商品を提案することは決して間違っていません。というより、それこそが望ましい対応と言えます。

もちろん、毎月分配と運用効率の関係や、ハイイールド債がどのような商品なのか、どのくらいのリスクがあるのかを把握したうえで、それでも購入したいというお客様もいらっしゃるでしょう。その場合には、お客様の意向を尊重することになるでしょうが、ただ、そうしたケースでも、**ただお客様**

**のおっしゃることに従うのでなく、少しでもベターな提案を行うように努力すべき**です。

毎月分配型の商品にもいろいろあり、ハイイールド債にもいろいろな種類がありますから、お客様にとって少しでもよい資産構成になるように知恵を絞ってご提案しましょう。

同じ商品を希望されるお客様でも、預貯金や国債といった安定的な資産が十分にあるから一部はリスクをとった運用がしたいということなのか、そうではなく、年金だけでは生活が苦しいから生活費の足しになるよう毎月分配金がいいのかなど理由は様々です。そのあたりのヒアリングをしながら、**お客様お一人お一人にとって、よりよい商品提案になるように努力しましょう。**

**POINT**

**お客様の希望は大事だが、単にそれに従えばいいということではない。自分の意見や考えもしっかり述べ、ベストな資産構成となるよう努力しよう。**

Q 06

お客様に、

**「わからないから全部まかせる」**

と言われ、提案どおりに商品を購入いただいたら、

**その後に損が出て、**

**文句を言われました。**

どうしたらよかったのでしょう?

A

お任せいただけるというのは本当にありがたいことなのですが、リスクの説明と取引の最終確認は必ず行わなくてはなりません。こちらの提案どおりに商品を購入いただいて、あとになってクレームが入るということは、**リスク説明や確認作業が足りなかった**のだと思います。

証券マンでも、「私におまかせください」と言って、結局損失が出てしまい、トラブルになるケースはいまだにあります。あくまでも商品の購入を決めるのはお客様なので、「まかせてください」とは言うべきではありません。

「500万円分、あなたのすすめる商品でいいから購入しといて」と言われることもありますが、そのようなときでも「お客様に商品をきちんと把握していただきたいですし、自分が一生懸命勉強したうえで、なぜこの商品をおすすめするのかという思いも聞いていただきたいので」と、リスクも含めてご説明するようにしています。

「忙しいからまかせるよ、好きに買っておいてくれればいいから」と言われたとしても、**ここは説明をきっちりと行って、トラブルの種を作らないようにしなければなりません。**

まかせると言われたら、まずはその言葉に感謝すること。そのうえで、提案した商品に対する自分の考えとリスクの説明を徹底して行いましょう。

**POINT**

文句を言われたということは、提案時にリスクの説明や確認が不十分だったということ。「まかせる」と言われても、リスク等の説明は十二分に行うことが必要。

# Q 07

「顧客本位」という考え方を突き詰めると、

## 手数料の安いインターネットで購入してもらうのが一番のように思えてしまいます。

ただ、それでは自分の成績は上がらないわけで、悩んでしまいます。

A

証券会社の場合、インターネットに誘導するかどうかの判断は取引の額によるというのが正直なところです。銀行だと小口のお客様が多いため、そのあたりの判断はなかなかつけづらいでしょうが、基本的な考え方は共通していると思います。

私は、ある程度の資産をお持ちのお客様で、おすすめの株式があるけれど、口座を作り入金をしてもらっていてはタイミングを逃してしまいそうなときや、他社で良さそうな商品があるときなどには、インターネットでの購入をおすすめすることもあります。

ネット証券で株式を購入するようになっても債券だけは自分のところで買ってくれるといったこともありますから、インターネットで購入していただくことは全く問題ではありません。**お客様に喜んでいただいて、次もあの人に相談しようと思っていただければ、結果的に自分のところでのお取引につながります。**それは銀行でも同じことでしょう。

以前、法人のお客様しか取り扱えない証券会社に勤めていたのですが、会社の社長さんから個人で取引したいと相談を受けることが多々ありました。

自分のところでは個人のお客様とのお取引はできなかったので、そのときはよくネット証券や他の証券会社をご紹介していました。

ご相談を受ける際は時間をちゃんと取って、この商品がいい、どこの証券会社の手数料が安いなどとアドバイスを何年も続けていました。お客様の信頼を得ることができれば本業の法人取引につながることもあります。結果を急いで、最初から成績を上げようなどとは考えていませんでした。

販売員がどの程度勉強しているのかをお客様がチェックし、数多くの選択肢がある中で、それでもやっぱりあなたの提案が聞きたいと思われるようになって初めて手数料が生じるものだと思います。正直、販売員がどれだけ勉強しているか、どれだけ実績があるのかもわからないのに、いきなり変動商品で手数料を払わなければいけないという仕組み自体がおかしいですよね。

手数料の源泉は、販売員の勉強です。インターネットでも同じ金融商品が購入できるのに、わざわざ高い手数料を払って自分のところから購入していただくためには、やはり、販売員がどれだけ勉強しているかを示せるかどうかに尽きるでしょう。
この人から買いたいと思っていただけているのであれば、高い手数料をお支払いいただくことになったとしても、それは「顧客本位」に反することではありません。

POINT

**ネットでの購入であっても、しっかりアドバイスすることで、「次はこの人から買いたい」と思ってもらえる。それにより、結果的に自分の成績につながるはず。**

# Q 08

**個人的にすすめたい商品**が
あるのですが、リスクが高く、
新興国が投資対象ということもあって、
**お客様の反応が**
**イマイチよくありません。**
顧客本位で考えた場合、
どうすればいいでしょうか？

A

はじめは反応がよくない場合であっても、お客様とディスカッションした結果、最終的に「その商品いいね」と言ってもらえることは結構あります。むしろ、こちらの提案を聞いて、商品内容をまだきちんと理解していないのにも関わらず、購入を即決されるケースというのは危険性が高いといえるでしょう。

「それってこうなんじゃない？」「ああなんじゃないの？」と質問をしてもらい、コミュニケーションをとりながら商品を理解していただければいいのですから、**お客様の最初の反応が悪いからといって販売を諦めてしまうのは尚早**です。

例えば、リスクは高いけれど本当におすすめしたい商品があるのであれば、お客様がすでに保有しているファンドと組み合わせたときに運用効果が高まる可能性があることを説明したり、タブレット端末などを使って、保有資産全体のバランスがよくなることを視覚で訴えることもできます。**お客様にわかりやすいよう、なぜその商品がおすすめなのかをお伝えすればいいのです。**

お客様の最初の反応がよくない場合でも、工夫次第でお客様にその商品への理解を深めていただき、顧客本位のセールスにつなげていくことは可能なのです。

POINT

**本当におすすめしたい商品なら、お客様の最初の反応が悪くても、それで諦めてはダメ。なぜ、その商品がおすすめなのかを、わかりやすくお伝えしよう。**

## Q 09

お客様に意向を聞くと、

**「期間が短く、
利回りが安定していて、
かつ高い利回りが期待できる
商品を提案してほしい」**

との回答。
どのように対応したら
いいでしょうか？

A

本当にそういう商品があったらいいのですが、実際にはあり得ないので、期間が長いと利回りが高くなるといった**金融商品の基本的な仕組みを説明**します。

そのお客様の意向を満たすのは、例えば利回り10％の銀行預金などだと思いますが、いつでも換金することができて利回りが10％もある金融商品などあり得ません。現在の経済環境では1％の預金もあり得ないでしょう。

期間が短くて高い利回りの商品というのはほとんどありませんし、利回りが高ければ、その分リスクは高くなります。そのことを説明しながら、お客様には具体的な商品をご提案していきます。

例えば、お客様のご資産のうち、「これくらいだったら中長期で投資してもいい」という額をお聞きし、外国債券の投資信託を紹介するといったように、落とし所を探る感じで商品をご提案します。

元本保証にこだわるお客様も多く、元本が保証されていて、なおかつ高い利回りの商品が欲しいという要望を受けることも多いですが、銀行預金ですらペイオフがあって元本が保証されているわけではありません。

このようなお客様には、預金も元本は保証されているわけではないこと、**元本保証の商品は厳密に言えば存在せず、どの金融商品にも必ずリスクは伴うということを説明**します。逆に、元本保証をうたっているものがあれば、それはほぼ詐欺なので、気をつけてくださいと注意喚起してあげてください。

金融の仕組みから言って、お客様の言うような商品は存在しないことをご理解いただき、そのうえで、自分が心の底から良いと思っている商品を提案することが、お客様の信頼につながると考えます。

**POINT**

**金融商品の基本的な仕組みを説明し、そうした商品は存在しないことを理解してもらう。そしてその説明を行いながら、お客様の希望との間の落とし所を探る。**

# Q 10

「どうせ投資するなら一発当てたいので、

# リスクは高くても、当たれば大きく儲かる商品を紹介してくれ」

と言うお客様。

「投資はギャンブルではありません」とご説明しても、「自分の責任で投資するのだからいいだろう」と聞く耳を持ってくれません。

# こうしたお客様への対応方法は？

私から言わせれば、リスクをとってもいいというお客様はたいへんありがたいお客様です。リスクが高くても、とにかく大きなリターンを求めたいというお客様は、たいていリスク許容度が高い方です。もちろん、その方の資産額と投資額を伺って**リスク許容度をきちんと確認しなくてはなりませんが、リスク許容度が高いお客様がハイリスク・ハイリターンを狙うという考えは間違っていません。**

リスク許容度が高いお客様なのですから、わざわざ「そんなにリスクが高いものばかりではダメです」と言う必要はありません。しかも「自分の責任で」という認識もしっかりお持ちのようですから、これほどありがたいことはありません。**お客様のご意向に感謝しながら、自分がいいと思う商品をご提案すべき**です。

こういったお客様に対し、「まあまあ、抑えてください」といって、ハイリスク・ハイリターンを狙おうという気持ちをなだめてしまう人を多く見かけます。でも、そうした対応というのは、決して顧客本位といえません。もともと投資にはリスクがあるわけですから、そこに関しては、しっかりとリターンを追求していくことがやはり重要だと思います。

とにかく安定が大切という考え方に対しては、この手のお客様はつまらないと感じるでしょう。そんなお客様は銀行には来ない、と思われるかもしれませんが、そうしたお客様も銀行と少なくとも預金取引があるはずで、銀行のお客様ではあるわけです。本当にそうしたお客様は銀行に来ないのだとしたら、それは、銀行の人に自分の思いを伝えても無駄だと思って、投資商品の購入では証券会社に足を向けているのかもしれません。

ハイリスク商品を否定するのではなく、お客様の希望に寄り添った対応をすることが大切なのです。

**POINT**

**リスク許容度の確認は必須だが、それが高いお客様なら、意向に沿った商品を提案すべき。ハイリスクを頭から否定するのでなく、お客様に寄り添った対応を。**

Q

11

# 「買い時」と判断するのはどんなときですか？

「買い時」という言葉がありますが、投資において、伊東さんが考え方を教えてください。

A

少し専門的な話になりますが、投信だと、**追証の投げ売りが出ているときが買い時**だと思っています。

追証とは、信用取引で含み損が発生し、追加の保証金が必要になった状態を指します。こうした状況において、追加の保証金を出さないほうがいいと判断した場合や、もう差し出す担保がないときなどには、株を投げ売りせざるを得なくなり、売りが大量発生します。これが追証の投げ売りです。

ネットでの取引だと強制売却になり、証券会社であれば、お客様に「これ以上は担保がなく耐えられないので売りましょう」とアドバイスするような状況です。マーケットが下がり、余計に売りが出て、さらにマーケットが悪い方向に向かいます。ただし、実はそのようなときが、投信の最高の買い時なのではないかと思うのです。

つまり、そうした状態というのは、本来の価値はもっと上である可能性がある中でも、売らざるを得ない人が大勢いるから、ただ単に価格が下がっているると考えられます。そのとき買っておけば、いずれ値上がりの可能性が期待できます。ですから私は、**各証券会社でどのくらい追証の投げ売りが出て**

**いるか細かくチェック**するようにしています。だいたい1年に1～2回ほどそのタイミングが訪れることがありました。

長期積立が主流になってきているとはいえ、「投資信託だから購入のタイミングはいつでもいい」というわけではありません。それだったらインターネットで購入したほうがいいという話になってしまいます。購入のタイミングについてどこまで突っ込んだ話ができるかは、投信セールスのすごく重要なポイントのひとつです。

あと、買い時ということでは、**日経平均が1割など一定以上下がったら買いましょうといったご提案もできる**でしょう。

**為替についても、私の中では1ドル110円を割ったら買いという基準を持っています。**120円だと、いまドルは買いじゃないという判断になります。逆に、100円を割るような円高だと日銀が介入する可能性が高まるので、110円を割るくらいのタイミングがひとつのチャンスと捉えています。

このようにわかりやすい基準を提示しながら営業できると、販売員として非常にセンスがいいと思われます。

ついでに株の話をしますと、ＰＥＲやＰＢＲといった会社の価値を見る指標も、購入の際の重要なチェックポイントになります。

こうしたいくつかの条件が揃った時が買い時だと考えているので、お客様には、いま条件が揃っているのかいないのか自分の考えを正直にお話しします。

銀行員でも証券マンでもそうだと思いますが、お客様にアポをとって、お客様のところに伺った日や、お客様が来店された日に、「今日が買い時」と言って商品購入を促す人が多いわけです。ですが、必ずしもお客様が来店したときや、アポイントメントの日が買い場に当たるわけではありません。常に買い時なんて言っている人は疑ったほうがいいでしょう。お客様もそう思われるのではないでしょうか。

私の場合、買い時ではないと思ったら、「今は買わないでください」と正直にお伝えします。お客様にはアポイントをとって時間を作ってもらっているわけですが、**自分が買い場じゃないと思えば、絶対におすすめはしません。**「こうなったら買い場だと思うので、今は様子を見ておいて、またタイミングがきたら連絡させてもらいます」という対応を取ったほうが、お客様からの信頼を得やすいですし、そもそも金融業界にいる以上、お客様の利益を追求するのが正しい営業です。これは売り手の付加価値にもつながります。

最後に、先ほどの追証の話に関連して、投資の基本的な考え方をお伝えしておきましょう。

日本人は世界で最も投資が下手くそだと言われています。なぜなら、日本人投資家は価格が上がれば購入して、下がると売る傾向が強いからです。感情に流されて冷静さを失ってしまうんですね。これは、ある程度下がったら購入するという投資のセオリーに反しています。下がった時に購入し、上がった時に売るという基本をしっかり守りましょう。

**POINT**

**投信の場合は、追証の投げ売りが出ているときが買い時という考えが一つある。そのほか、自分なりの基準を持っておき、それらが揃ったら買い時と考える。**

# Q 12

投資の基本は長期投資だと思うのですが、

## 長期投資に向いた商品というのはどんな商品ですか？

選び方を教えてください。

私のセールストークの一つに、「利息で生活できる基盤を作ることにチャレンジしませんか」というものがあります。１９８０年代から90年代はじめのバブル期には、預金金利が７％くらいありました。例えば、郵便局（当時）の定額貯金にお金を入れたら、複利運用で10年後には倍になっていました。いまとなっては、過去の夢物語のように思えますが、当時は決して夢物語ではなかったのです。

ただ、現在も、海外に目を向けると、主に開発途上国ではまだまだ高金利の国がたくさんあります。そのような国の債券に投資することで、バブル期のように利息だけで生活できる基盤ができるかもしれないのです。

外国債券には、当然ながら為替リスクがあり、円高が進むと損失を出す危険もあります。しかし、金利が高いので円高に耐えられる力、つまり「円高抵抗力」が強い。ある程度為替が悪い方向に進んでも、高金利のおかげで非常に高いリターンを得る可能性があるということです。このような話をすると、実際のところ、ものすごく契約数が伸びます。

配当がもらえる株も一つの選択肢ですが、株価が下がってしまえば元本の毀損になります。ところが、債券であれば保有している限りその国の高い金利で利子を継続して受け取れるわけですから、検討の余地はあるのではないでしょうか。

中長期投資をするのであれば、外国債券をポートフォリオに入れるのはそんなにおかしな話ではないと考えます。特に日本は金利が低い状況が続いていますので、**外国の金利をどう享受していくかは資産形成のための選択肢としてあってもよい**と思います。

ただし、為替手数料などコストが高いということはありますので、その点も十分に理解していただく必要があり、場合によっては為替手数料などを下げる交渉を銀行内でも行うことが必要なときもあると思います。

ですから、**この質問への回答の一つは、中長期的に高いリターンを得られる可能性のある、外国の高金利の債券ということになります。**もちろん、ご案内の際には為替リスクの説明は必須ですし、その国の情勢についても理解に努める必要があります。

本稿執筆時点では、NYダウも過去最高値を更新し、中長期の投資は株が万々歳という雰囲気も感じられますが、株は下がるときは下がります。中長期で株式に投資するというのは結構リスクが高いといえます。高成長インド株式といった特定の国の成長に投資するというのも、リスクについてよく考える必要があります。２～３年で倍になるか半分になるかというくらい値動きが激しく、超ハイリスクです。

一般論としては、リスクの少ない債券のウエイトを、リスクの高い株式のウエイトよりも大きくすることがポートフォリオ上は考えられます。当然、お客様の状況次第ですので、株式のウエイトを高くしたいといった場合はそうしますが、リスクは高くなりますので、お客様のリスク許容度を見て、自分なりの意見を言えるようにすることが重要でしょう。

POINT

金利の高い外国債券を、ポートフォリオに組み込むことが一つの選択肢として考えられる。ただし、当然ながら為替リスクなどの説明は必須。

# Q 13

**分散投資**を行うため、
複数のファンドを組み合わせて
提案するようにしているのですが、
**結局はいつもワンパターンの**
**組合せ**になってしまいます。
これでは顧客本位でも
なんでもないですよね？

ライフサイクルの中でよほど大きなイベントがあるとか、5年後に大きなお金が必要になるといったことがない限り、**お客様に提案するポートフォリオはリスク許容度に応じたものになる**でしょう。

私が証券会社に勤めていたときには、機関投資家、学校法人、財団法人、事業法人、個人のお客様と様々なお客様がいらっしゃいましたが、お客様の属性＝リスク許容度と捉えていました。例えば、学校法人のお客様に多かったのが、預貯金よりもいいリターンにしたいだけであり、絶対に株はやらないという運用方針です。一部の会社や個人のお客様にもこのような志向の方はいらっしゃいます。こうしたお客様には、債券のポートフォリオをご提案します。証券会社ではよく「株のお客様」「債券のお客様」といった呼び方をしていました。

ですから、本当にワンパターンしかなく、どのお客様にも同じご提案をしているとしたら、それはおかしな話です。すべてのお客様に株だけのポートフォリオを組んでいるような証券マンはちょっとおかしいというか、お客様がついてきません。提案するポートフォリオは、少なくともいくつかのパターンには分かれるはずです。

そもそも、現場ベースの話をすると、最初からポートフォリオをご提案することはまずありません。試しに、この債券を購入してみませんかとご提案してみて、債券のお客様だと認識できてから、いくつかの商品を組み合わせる方向に持っていきます。長年、株式や投資信託のセールスを行ってきましたが、いきなりお客様にポートフォリオをご提案して、じゃあそれでお願いしますと購入されたケースは一度もありませんでした。

少なくとも私のお客様は皆さん、投資商品を購入する際は、1つずつ購入されて様子を見ます。そもそも、金融商品はタイミングが全てだという意見もあるくらい購入時期は重要なのに、それを無視してポートフォリオを提案するのは違うのではないかと思います。

**時期が違えば商品の組み合わせも当然変わってきます。1つ1つの商品が積み重なった結果がポートフォリオになるのであって、最初からポートフォリオを提案すること自体が間違っているのではないかというのが私の考えです。**商品購入の最適なタイミングをアドバイスすることも、販売員の重要な仕事だと思います。

POINT

お客様のリスク許容度を考えれば、いくつかのパターンには分かれるはず。ただ、そもそも、最初からポートフォリオで提案することが正しいかどうかは疑問。

# Q 14

顧客本位にしろとか、
手数料の高い金融商品はすすめるなとか、
最近よく言われるのですが、

**実際のところ、上司からは**
**手数料の高い商品の販売や**
**乗り換え推進を**
**求められます。**

どうすればいいのでしょうか？

A

私の場合、成績を上げるために、投信の乗り換えや手数料が高い商品をすすめたことは一度もありません。

日本人の個人金融資産はおよそ1800兆円あります。そのうちの1%だと18兆円、0・01%でも1800億円もの額になります。問題は、過半が預金に眠っている点であり、どうにかして少しでも多くのお金を投資に回してもらわなくてはなりません。それは経済の発展にもつながります。現状のわずかな運用資産を手数料稼ぎのために回転させるのではなく、新しいお金を入れて、日本人の個人金融資産全体の投資比率を上げることにより、手数料を稼ぐのが一番健全な方法です。

お客様にどんどん運用してもらって、しっかり残高を伸ばすことができていれば、手数料の額は適正または低めに抑えていたとしても、確実に成績は上がりますよね。**資産をお預けいただいて、ある程度手数料も稼いでいれば、上司から「この商品を売れ」などと指示を受けることはないはず**です。

特に銀行の場合、低リスク・低リターンの商品を保有しているお客様が多いかと思いますが、低リスク・低リターンの商品は中長期での保有が前提であるのに、乗り換えでもいいから手数料を上げろなどという指示は言語道断です。これでは乗り換えのたびに元本が削られてしまい、お客様は利益を享受することが困難になります。

そもそもこのような命令を真に受けるような販売員は、何を売ればいいのかという自分の考えがないから成績が上がらないのではないでしょうか。支店全体でこの商品を重点的に売っていきましょうといった方針があるのかもしれませんが、それも個々で何をおすすめするべきか考えていないからであり、組織として「これがいいよね」「セールストークはこんな感じがいいよね」と固めていっただけに過ぎません。

**別に個人的におすすめできるものがあれば、自分でその商品を営業すればいいだけのことです。最終的に収益を上げられれば、組織としてそれでいいわけですから。**

私も以前、個人向け国債を売るように何年も言われ続けた時期がありましたが、私としてはもっと他にご提案したい金融商品があり、それをまっすぐに販売していました。個人向け国債は一度も売りませんでしたが、決して問題にはなりませんでした。

POINT

最終的に収益を上げることができれば、自分の納得できる商品を売っていて問題ないはず。言われるままではなく、何を売るべきか自分で考えることが大切。

# Q 15

アクティブ運用のファンドよりも、手数料の安いパッシブ運用のファンドを選ぶべきだという評論家やＦＰの話をよく耳にします。これは、やはりそのとおりなのでしょうか？

## 高い手数料を払ってまで、アクティブ運用のファンドを選ぶ意味はないのでしょうか？

A

はっきり言って、プロの世界では、アクティブファンドを選ぶ意味はないと言われています。これは、国民の年金積立金を運用するGPIFがパッシブ運用に切り替えたことからも結論は明らかです。

ただ、特に銀行の場合、インデックスばかりでは手数料収益が低すぎて採算が取れないので、アクティブ型をバッサリ切り捨てるわけにもいかないというのが本音のところでしょう。

では、アクティブ型を選ぶ意味は全くないのかと言えば、私の考えでは、**ファンドマネージャーの能力や考え方、人柄、経歴によって、評価すべきアクティブファンドもある**と思っています。その意味では、アクティブ型の投信をお客様にすすめるのであれば、ぜひ、その投信のファンドマネージャーについて、よく知るようにしていただきたいと思います。

本来ならファンドマネージャーに直接電話し、ファンドのことや本人の考え方などを聞いてもいいくらいですが、なかなか難しいでしょうから、セミナーなどに登壇することがあれば、積極的に聴講するといいでしょう。

ファンドマネージャーについて知ったうえで、先見性があると見込めるなら、お客様にご提案する価値があると思います。「このファンドマネージャーはこんな経歴で、実績もこのくらいあり、私も話を聞きましたが、こんな人です」といった情報を伝えることができたら、説得力も増します。

直接話は聞けないにしても、その人の経歴なり、どんな思いで取り組んでいるかは調べることができます。**ファンドの司令塔であるファンドマネージャーについて理解していないのに、アクティブ型をすすめるというのは、手数料に見合った提案ではない**と私は思います。

多くの人は、投資の戦略しか説明しませんが、実際のところ、投資の戦略にはあまり価値はありません。勝てる戦略はその時々で違いますし、一時的には勝っていても時間が経てば勝てなくなるのがマーケットの常です。ですから、**戦略だけでなく、ファンドマネージャー自身を見極める**ことも重要となります。逆に言えば、そこまでやる人はあまりいないと思われますから、そこを説明できれば、あなたの付加価値になります。

ただし、途中でファンドマネージャーが変わることもあるので、そのリスクは必ず説明しましょう。

いずれにしても、いまのファンドマネージャーはこういう人で、こんな考え方をしていて、私はすごくいいと思っていますと言えないのであれば、顧客本位の業務運営に反するため、アクティブ型を提案すべきではありません。それだったらパッシブでいいじゃないかという話です。

例えば、ひふみ投信の藤野英人さんなどは、よくテレビでも紹介されていますが、足しげく経営者に会って投資先を判断していて、やっぱり考え方は素晴らしいと思います。さわかみ投信の澤上篤人さんにしても、ファンドマネジャーではありませんがウォーレン・バフェットにしても、投資家が高い手数料を払ってもいいと思えるような考え方を持っていますよね。

**POINT**

**ファンドマネージャーによっては評価すべきアクティブ型もある。ファンドマネージャーのことをよく調べたうえで、提案すべきファンドを自分の目で選ぼう。**

# 第3章

# お客様への対応の悩みが解決するQ&A

# Q 01

既存のお客様からの紹介で、
**初めてお会いするお客様。**
**事前に調べておくべき情報**には
どのようなものがありますか？　また、
**面談の場でつかむべき情報、**
**引き出すべき情報**
はどのようなものですか？

**A**

金融の仕事全般に言えることですが、お客様の属性に関しては、できる限りの調査はするべきでしょう。**お客様の職業が会社員であれば、最低限その会社のことは下調べをしておく**べきです。自行とすでに取引のあるお客様であれば、属性情報や、さらには預金額もわかるでしょうから、それらも確認しておきます。自行と取引がないお客様の場合は、その名前をインターネットで検索してみます。

さらに、自社のデータシステムなどでお客様の名前を入力して、反社会的勢力に属していないかといったコンプライアンスチェックや、クレーム顧客ではないかのチェックも行う必要があります。

面談時においては、**以前にどこかの証券会社で取引をしていたのであれば、その取引の詳細を聞く**ことをおすすめします。

その証券会社で少なからず取引した経験があるのにも関わらず、お客様はこうやって今、他の金融機関と取引をしようとしているわけです。そこは状況を確認する必要があります。「株取引をされていたのですか？」「ほかにも取引している金融機関はありますか？」などが状況を確認する質問になるかと思います。

また、そのお客様の**お金というものに対しての考え方や意識を確認すること**も重要です。お金に対して異常に神経質だったり、執着心が強すぎることはないかなど、面談のなかで把握しておきましょう。

**POINT**

**面談前には、勤務先や、自行との取引状況を調べ、コンプライアンスチェックも。面談時には、証券会社との取引経験、お金に関する考え方も聞きたい。**

# Q 02

どのお客様にも時間をかけて
丁寧に対応したいと思うのですが、

**お客様の数が多すぎて**
**時間がありません。**

どうしたらいいでしょうか？

私の場合は、最初に、**ある程度時間をかけられるお客様と、あまり時間をかけられないお客様をあえて選別**するようにしています。そして、時間をあまりかけられないお客様については、第1章のQ05でも述べたように、最終的にはセミナーのご案内やパンフレットをお渡しして読んでもらうといった対応をとります。

せっかくご来店いただいたお客様に対し、「本日はここまでです」と追い返すなんてことはできませんよね。お客様の数自体に上限はありませんが、1日で対応できるお客様の数には限りがあります。ですから、そこはやはり自分でマネジメントする必要があります。

すべてのお客様にリスク説明はきっちりとしなくてはいけませんが、100万円お預けいただくお客様と1億円お預けいただくお客様では、どこまで踏み込んで説明していくかというのは変わってきて当然です。ある程度区別して、**それぞれのお客様への説明パターンを用意しておく**といいかと思います。

証券会社だとよく、新規口座を100件つくった、200件つくったなどと自慢する証券マンがいますが、私はあまり感心しません。そんなに多くの件数を受け持って、満足のいくお客様対応ができているとは到底思えません。お客様がかわいそうだな、と思ってしまいます。

ただ数をこなすだけではなく、**お客様に対して商品の説明や自分の思いを伝えるのに十分な時間、自分が最も付加価値を提供できる適正な時間をきちんと設ける**べきでしょう。そのあたりのタイムマネジメントができてこそ、一流の金融マンだと思います。

最初のうちはうまくできないかもしれませんが、慣れてくれば、だいたいこのお客様は1時間くらい、それであればブースの数も足りるだろうというように目安がわかってくるはずです。

お預けいただく資産が少なく、**あまり時間をかけられないというお客様には、窓口での接客は早めに切り上げ、後日手紙に一筆添えてレポートやセミナーの案内を送るといった郵送でのアフターフォローを行うのもいい**と思います。郵送であれば、業務の隙間時間に作業することもできます。

大切なことは、かけられる時間をお客様ごとに見極め、限られた時間をうまくマネジメントしていくことだといえるでしょう。

POINT

**取引額などにより、時間をかけられるお客様とかけられないお客様を分け、時間をかけられないお客様には、セミナーの案内やレポートを送るなどしてフォロー。**

# Q 03

## 新規のお客様の開拓と、既存のお客様への対応とでは、時間の配分は

どのように考えればいいでしょうか？

既存のお客様への対応が後手に回ってしまうと、時々刻々のメンテナンスが必要な変動商品を扱っていながら、フォローアップができないという最悪な事態になってしまいます。医者にたとえるなら、外来患者ばかりを診察して、入院して今苦しんでいる患者に薬を与えるのを忘れるのと同じことです。そんなことはあってはなりません。

つい、新規のお客様の接客に力が入ってしまうものですが、やはりバランスを考えなくてはいけません。**既存のお客様に関しては、買っていただいた金融商品の特性に応じてフォロー頻度を考える必要があります。**変動率（ボラティリティ）が高い商品ほどその頻度を上げることが必要です。変動率の高い商品はお客様の心境も大きく動くことが想定されます。そうした商品を買っていただいたあと放置しますと、お客様は「なんで見てないの？ 損してもどうでもよいと思っているの？」と憤りを感じます。

既存のお客様と新規のお客様の時間配分は、自分がどのような金融商品を提案したいのか、またお客様にどのような感動を得ていただきたいのかによって大きく異なると思います。

いずれにしても個人的に思うのは、お客様から信頼を得ることが、問い合わせ対応等に時間を割かれないための一番の対策になるということです。お客様からの信頼度が低いと、「ちゃんと商品の動きを見てくれているの？」などといった問い合わせが増え、時間が奪われます。

お客様を不安にさせないことが大切です。

**POINT**

**新規のお客様にばかり時間をとられないよう、バランスをとることが大切。既存のお客様へのフォロー頻度は、商品のボラティリティに応じて決める。**

# Q 04

お客様と具体的なセールスの話に入る前の、いわゆる**雑談が苦手**です。

とくに、年の離れた年配のお客様とは

**何を話していいかわかりません。**

お客様とうまく雑談ができるようになるには、どうすればいいですか？

A

雑談ができるようになるには、やはり**話の引き出しをたくさん持つ**ことが必要です。そのための**絶好のネタ帳となるのはやはり新聞**でしょう。

ただ、新聞も、漠然と読んでいるだけでは話の引き出しを増やすことはできません。私が新聞を読む時には、常にアウトプットを想像しながら読んでいます。ただ漠然と読むだけではなかなか内容が頭に入ってきませんから、「この話は今度使えるな」などと常に考えながら読むようにしています。

社会面やスポーツ面まですべて読もうとすると情報が多いので、経済面だけでもいいかとは思いますが、とにかく**アウトプットをイメージしながらインプットすることが大切**です。

ただ、注意が必要なのは、雑談を雑談で終わらせてはいけないということ。可能な限り運用提案につながる話に導いていく必要があります。お客様も、本当にただ雑談をすることを期待しているわけではない可能性が高く、何らかの期待をしているものです。仕事中の話であることも踏まえて、お客様のお役に立ちそうなプロフェッショナルな雑談にすべきでしょう。

お客様との会話は、自分が勉強したことをお伝えできる機会です。その場では商品を購入してもらえないとしても、**最終的には「なんか勉強になったよ」と言ってもらえるような会話を目指しましょう。**そのためにも、ある程度、話の引き出しを持っておかなければなりません。

POINT

**話の引き出しをたくさん持つことが必要で、そのための最高のネタ帳はやはり新聞。ただ漠然と読むのでなく常にアウトプットを意識しながら読むことが大切だ。**

# Q 05

毎日のように窓口に見えられて、
いろいろ話をされて帰られるお客様がいます。
たまには投資の話もされるのですが、

**ほとんどは世間話で、**
**明らかにただ話をするために**
**来店されているようです。**

こうしたお客様には
どう対応したらいいですか？

ただ雑談したいだけのお客様には、こちらは仕事中で忙しいということをわかってもらわなければなりません。

例えば、スーパーのレジだったら、次の客が後ろに並んでいるのがわかるので雑談を持ちかける人はいないですよね。ところが、銀行や証券会社の窓口だとそれが見えない。ですから、実際にはお客様が後ろに何人も並んでいるのだということを説明する必要があります。

何かビジネスにつながるのであれば、雑談を聞きながら自分の勉強したことをお伝えするという方法もいいでしょうが、**忙しいということを正直に伝えてしまっても、文句は言われない**と思います。「他のお客様から連絡が入ったので」「お客様に連絡しないといけないので」と言ってしまっても全然問題ありません。

お客様も「こっちは世間話がしたいんだ！」なんて言わないですよね。「こっちは客なんだぞ」とは言うかもしれませんが、取引をしていないのであれば、お客様も強く言うことはできないでしょう。

さらに言うと、私の場合、手数料の話をすることもあります。例えば、

「お客様に100万円の株式を購入してもらっても、うちに入る手数料は1万円あるかないかです。お客様の中には、ご来店され、ただ、株が上がった下がったという話だけされて帰られる方もいらっしゃいますが、それが年間50回、3年続いたとしますと弊社は大赤字ですからね。結構参っちゃうんですよ。お客様の場合は、たくさん取引してもらえるので、いくらでも時間をとらせていただきますが」というように、冗談を入れながら話をします。**こんなお客様がいて参っていますという話をすることで、遠回しに、お客様自身に気付いてもらう**わけです。

ある程度の信頼関係があるお客様にしか使えない策ではありますが、そうした対応をすることもあります。

私の担当するお客様に、よく陶器の話をする方がいらっしゃいます。もちろんある程度お話は伺うのですが、お客様のペースに合わせるばかりでなく、「そういうお皿って、どこで買っているんですか」とか「私なんていつも100円ショップで買ってますよ」などと話を振って、「100円ショップって、いま儲かってるんですよ」「いま原料となる原油価格は高騰していますが、実は100円ショップってすごく儲かってます」というようにビジネスにつながる方向に話を持っていきます。100円ショップにはどういう会社があって、世界にも店舗を展開しているなど、日本経済の話に持っていき、投資の話につなげるわけです。

それでもお皿の話をし続けるお客様もいるかもしれませんが、窓口まで来てお皿の話をしたいだけの人というのは、相手にしても実があるとは思えません。そうしたお客様には、「本当に勉強になります。ほかのお客様もお待ちですので、その話はまた今度聞かせてください」などと言って、切り上げるべきでしょう。

証券マンのなかにも、お客様の雑談に付き合ってしまい、営業成績が上がらない人がいます。雑談でお客様と仲良くなろうと思っているのかもしれませんが、雑談だけでの信頼関係ではお客様に商品を購入してもらったとしても結局取引金額は少ないので、合理的ではありません。そこは、プロフェッショナルとしてきちんと仕事をしなくてはなりません。

POINT

**忙しいということを正直に伝えて問題ないが、他の客の話から、お客様自身に状況をわかってもらったり、お客様の話を誘導して投資の話につなげることも。**

# Q 06

資産家の奥様で、かなりの額のお取引を
いただいているお客様がいらっしゃいます。
それはたいへん有り難いことなのですが、
**最近、**
**買い物に付き合ってくれとか、**
**個人的な用事を頼まれる**ように
なりました。
このような場合、
どう対応したらいいでしょうか?

A

証券会社の発想としては、お客様との距離を縮める絶好の機会なので、喜んで買い物に付き合います。お客様と会話ができる、お客様との時間が共有できるなんて感謝しかありません。もちろん、対応が可能なのは資産家のお客様に限られますが、お客様のほうからまた会いましょうなんて言ってくれるなんて、うれしくてしょうがないという感じです。

ただし、一定の距離感は保たなくてはいけません。ここから先は踏み込んではダメだというラインを常に意識しておくことです。例えば、買い物で何か買ってもらうというのはダメですし、女性が男性のお客様と一緒に旅行に行くことも絶対にやってはいけないことです。そうした**ボーダーを越えない範囲で、お客様の要望にはできるだけ応える**ようにしています。

お客様の自宅に食事に招待されることもありますが、そうするとご家族にもお会いでき、それによってまた相続のご相談を受けるといったことも考えられるため、個人的なお付き合いはお客様との距離を縮める大きなチャンスです。

ただ、銀行だとおそらく、そうした対応は支店長なり上司の承認を得ないと難しいでしょうね。そこは銀行と証券会社では基準が違うと思います。

もっとも、最近は女性の営業も増えているため、お客様と外で食事するのを禁止している金融機関は結構多いです。女性と男性で違いはあると思いますが、いずれにしても、絶対にやってはいけないことのボーダーラインは守りながら、お客様と仲良くなるチャンスを無駄にしてはいけません。

**買い物や食事などは、承認をとる必要があるのであれば承認をとって、積極的に行くといいと思います。**

POINT

お客様と仲良くなるチャンスであり、自行のルールや絶対にやってはいけないことのボーダーラインを守ったうえで、積極的に行くべき。

# Q 07

# 資産が多いお客様も少ないお客様も、

同じように対応しなくてはならないのでしょうか。

それとも**対応に差をつけてもいいのでしょうか？**

**A**

これはすでに何度も出ている話題ですが、証券会社では、お客様の資産による区別は積極的に行うべきだと考えます。こんなことを言うと、証券会社はお金を持っていない人は相手にしない高飛車な会社だと思われがちですが、その認識は間違っていて、要はお客様にきちんとした対応をするためには、経済的合理性が成り立たないといけないということなのです。極端に言うと、1000円の元本を増やしたいというお客様に丁寧に対応していては、本来の業務ができなくなってしまいます。

日本人にはみんなが平等で当たり前という意識があって、証券会社がお金持ちじゃない人を相手にしないのはおかしいと思われるのですが、その考えは根本的に間違っています。

ただし、銀行や信用金庫などの場合は、証券会社と違い、お客様を選別してしまうとそれはそれで問題になってしまうかと思います。資産が少なくても、銀行であれば証券会社より丁寧に扱ってくれると思われる方が多いですからね。少しでもお客様を選別するような態度が見えると、クレームにつながりやすいということはあるでしょう。

しかし、銀行であっても、資産が少ないお客様にはあまり時間をかけた対応はできないのが本音だと思います。本来、お客様の資産によって対応が違うのは当然のことです。例えば、百貨店で買い物をするとき、本当のお金持ちは店頭には行かず、外商が自宅に商品を持っていきます。お金を持ってないのに、百貨店に電話して自宅に商品持ってきてなんて言う人はまずいませんよね。

金融の分野でも本質は同じことで、**お客様の資産に応じて対応を変えるのは常識**ともいえます。しかし、百貨店での買い物に関してはその常識が通用するのに、金融の分野になった途端、お客様にはその常識が通じなくなってしまうのです。

私もそうですが、証券会社の人間は、**資産の少ないお客様についてはインターネットへ誘導する**ことが多いです。お客様が100万円分投資信託を購入しようとしていて、店頭取引だと3万円の手数料がかかってしまうというときには、インターネットで購入したほうが手数料は安く抑えられるというご案内をします。１００万円に対して３万円は大きな金額ですからね。

インターネットなら、お客様もある程度自分で勉強しないと購入できませんし、こちら側のフォローアップもそこまでは必要ありません。リスク説明もネット上に出てくるわけですから、ご自分で取引していただいて知識を深めていただくのが本当の顧客本位なのではないかと思います。

**POINT**

**お客様の資産に応じて対応を変えるのは当然のことであり、そうでなくては本来の業務ができなくなる。資産の少ないお客様はネット取引に誘導することも。**

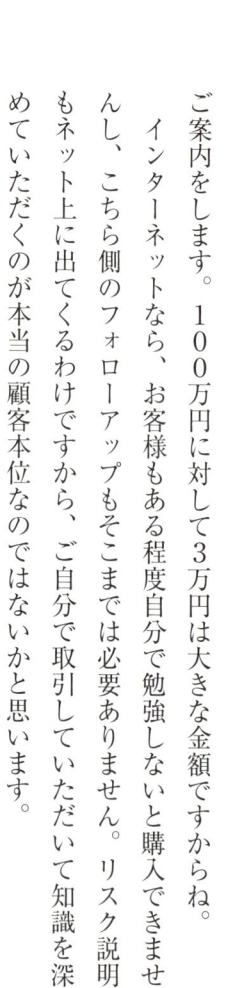

# Q 08

「あのデータがほしい」
「このデータを持ってこい」と、
**やたらと要望が多いお客様**
がいます。
**どう対応すれば**
**いいでしょうか？**

A

証券会社のお客様の中にも、要望の多いお客様は結構います。病院でひたすらナースコールを鳴らされると、看護師は本来の業務ができなくなってしまいます。それと一緒で、こうしたお客様が業務の妨げになることは確かですから、自分でできることは、なるべく自分でやっていただくようにしないといけません。

ただし、現場での現実の話をすると、資産を多くお持ちのお客様については、少々無理をしてでも、すべての要望に応えているというのが正直なところです。

一方、資産をあまりお持ちでないお客様で、さすがにすべての要望に応えるというのは過剰だなというときには、**お客様の欲しい情報が載っているサイトをご紹介する**ようにします。

実際、金融の情報はタイムリーでないと意味がないので、ご自身で調べていただいたほうがいい場合が多いものです。

今はインターネットで大概の情報は調べられますし、**ご自身で調べていただいたほうが、情報の鮮度からしてもお客様にとって有益であることをお伝**

えしましょう。

POINT

お客様によっては、要望にすべてこたえることもあるが、そこまではできないときは、お客様の欲しい情報が載っているサイトを紹介し、ご自身で調べてもらおう。

Q

09

# 「投資はギャンブルだ」と考えているお客様に、そのイメージを払拭してもらうにはどんな話をするといいでしょうか？

**A**

投資を毛嫌いしている方は、投資がどれだけ世の中を動かしているかを理解していないのだと思います。すべての株式会社は投資によって生まれています。投資というものがなかったらすべての会社は存在しません。

会社の事業は失敗することもありますが、うまくいけば世の中の発展につながりますし、今私たちが豊かな生活を送ることができているのも、すべて投資によっていろいろなチャレンジが繰り返されているからです。アマゾンもフェイスブックも、投資がなければ今はありません。お金がなくて、事業のチャレンジすらできていないでしょう。

そうしたことをご説明すれば、投資はギャンブルだというマイナスのイメージから、投資を前向きなものとして捉えていただけるようになるのではないでしょうか。

また、「投資はギャンブルだ」という考えの裏には、投資に失敗したら人生が無茶苦茶になってしまうのではないか、という心配があるのではないかと考えられます。ですから、そうした心配をなくしてもらうためには、**リス**

**ク許容度についてお話しする**ことも有効でしょう。

どんなに悪い方向に行っても、人生が大きく変わってしまうほど資金をつぎ込んではいけない、リスクを許容できる範囲で投資する、それが投資の鉄則であることを話すわけです。

また、そこまでシビアな話にしなくても、場合によっては、「全資産が100万円の方が100万円分の株を買うことはおすすめできません。その100万円でやりたかったこと、例えば親御さんと旅行に行くといった大切なイベントが、株価が下がったらできなくなります。それは困りますよね」といった言い方でもいいと思います。

**ギャンブルで身を持ち崩す人はいても、リスク許容度を踏まえた投資を行っていれば、決してそうしたことにはならない**ということをご理解いただきましょう。

POINT

投資がなければ世の中の発展はないことを説明。また、リスク許容度の話をし、それを踏まえた投資なら、身を持ち崩すこともないことをご理解いただこう。

Q
10

# 損失を出して、お客様の信用を失ってしまいました。

今回は反省を生かし、

# そのときとは内容の異なる投資信託を提案したい

と思っているのですが、

何か注意することはありますか?

A

損失を出してしまったときに最も大切なことは、**その理由を分析し、失敗を学びに変える**ことです。たいていの人は、損失を出してしまったお客様に対して、「すみません。次にご提案するのはいい商品だと思うんです」といったように、過去の失敗に触れずにやり過ごそうとします。それでは何の解決にもなりません。

お客様がまだその商品を保有している場合もあるでしょうし、ロスカットしたとしても実績としては残っているので、**その商品をご提案した理由と、なぜうまくいかなかったのかを改めて考え、お客様に納得していただかない限り、次の商品は案内するべきではありません。**

次に成功するためには、失敗した原因の分析が必要です。次回ご提案する商品は、より一層勉強しているものでなければなりません。

損失を出してしまい、その原因の説明ができずにお客様の信用をなくしてしまうということは現場ではよくある話です。しかし、本当にいい商品だと思って提案し、その理由も明確で説明もしっかり行ったときというのは、損失が出てもクレームにはなりません。

本当にいいと思う商品をお客様のために一生懸命勉強して説明すれば誠意は伝わりますし、そのように信念をもって商品のご提案をしている販売員にクレームが来たという話を私は聞いたことがありません。

**POINT**

**なぜ損失を出してしまったのか、失敗した原因の分析をしっかり行い、お客様に納得いただくことがまずは必要。次の商品を案内するのはそれから。**

# Q 11

いろいろな証券会社や銀行と取引している
お客様ですが、
**取引残高報告書等を**
**見せていただいたら、**
**ひどい内容**でした。
こうした場合、
どの程度指摘しても
よいのでしょうか?

A

どんな販売員からすすめられたものであっても、結果としてお客様自身が選んでその投資商品を購入しているのであり、最終的な責任は、販売した側ではなく、購入したお客様にあります。ですから、**安易に他社の批判はすべきではありません。**

「こんな提案をした証券マンはろくなものではないから、私から購入したほうがいいですよ」という話に持っていくのではなく、お客様自身が選んだ結果だということを認識いただき、そのうえでどうしたらいいのかを話すべきでしょう。

「購入する際に説明は聞いていらっしゃるはずですが、この内容では投資対象が偏っており、ハイリスクすぎて、手数料もかなり取られてしまいます」といったように、**問題があるところはしっかり指摘し、それに対してどう対処すればいいのかをアドバイス**します。

結果として、こんな提案してきた証券マンはよくないという話にはなるかもしれませんが、**批判するのではなく、改善策や考え方を提案する**ことのほうが重要です。

それでこそ、お客様はあなたを信頼できる販売員として認めてくれることになるでしょう。

**POINT**

**その取引をすすめた会社や販売員を批判することはタブー。それはあくまで、お客様が選んだ結果であるとの前提で、問題点を指摘し、改善策を提案する。**

# Q 12

**お客様から、**
**今後の株価や為替について**
**考えを聞かれました。**

断定的なことは言ってはいけない
というのはわかるのですが、具体的に

**どのように返答するのが**
**望ましいので**
**しょうか？**

A

これは、**堂々と自分の考えを言うべき**です。「あくまで私の考えであって、どうなるかわかりませんが、私はこうなるのではないかと思います」とはっきり言いましょう。

自分の考えを言わずにお茶を濁すようでは、お客様はその人を頼りにしようとは思いませんよね。自分の考えが言えないことを隠すために、ああでもないこうでもないと話す人もいますが、いくら取り繕っても、お客様には結局、自分の考えがないことは伝わってしまいます。到底信頼などしてもらえないでしょう。

また、「株価が上がると思うのであればこちらの商品でしょうが、下がると思うのであればやめたほうがいいでしょうね」というように、曖昧な言い方で判断をお客様に丸投げするのも、全く価値のないアドバイスです。

**評論家の意見を紹介するという方法もありますが、ただ紹介するだけでなく、「評論家がこう言っていることに対して、私はこう思います」と、やはり自分の考え方を伝えたほうがいい**でしょう。それこそがお客様の欲しい情報なのだと思います。

銀行員の中にはどうも慎重になりすぎて、誤解している方も多いようですが、「思います」や「考えています」というのは断定的な表現ではないので、全く問題ありません。**「今後上がります」というのはダメですが、個人の考えとして「私としては上がると思います」というのはOK**だということです。

仮に、助言どおりに商品を購入いただいて損失が出てしまった場合には、「あなたの言うことを信じたのに」と言われてしまうかもしれませんが、それとは別にリスクもきちんと説明しているわけであって、自分の考えを伝えること自体に全く問題はありません。断定はしてはいけませんが、自分の意見ははっきりと伝えましょう。

POINT

曖昧にお茶を濁すのでなく、自分の考えをはっきり伝えよう。断定してはもちろんダメだが、「～と思います」と自分の考えを述べることは断定にはあたらない。

# Q 13

顧客本位の投資提案を行うためには
個人情報の把握が必要ですが、
近年は特に

## 個人情報にデリケートで、なかなか開示してくれません。

どうしたらいいですか?

A

その情報を教えていただかないといけない理由をお伝えします。金融資産を教えたくないというお客様は多いですが、金融資産がどれだけあるのかによってお客様に最適な商品は変わってきますから、お教えいただけないとお客様に適した商品のご案内ができないということを伝えます。

そもそも、金融商品取引法には「適合性の原則」があり、金融資産をはじめ、お客様の知識や経験、投資目的などをお教えいただかないといけないと法律で定められています。**法律上の手続きであることをお伝えすれば、たいていの場合は納得していただけます。**

取引時にはお客様にチェックシートを記入してもらうことになりますが、その中で**注意が必要なのが投資目的の項目**です。「安定的」という言葉にひかれ、「安定的な商品に投資したい」をチェックするお客様は多いですが、そこをチェックしてしまうと、株式型の投信が購入できなくなってしまいます。株式型にも投資したいのなら、「リスクはあるが積極的な運用がしたい」という欄にチェックを入れていただかなくてはなりません。

お客様の意向はもちろん尊重しなくてはなりませんが、こうしたことをお客様は知りませんから、そのあたりのフォローは必ずしなくてはいけません。それを怠ると、本当は株式型を購入したかったのに購入できないといった不都合が起こります。

さらに、金融資産も実際とはかけ離れた金額を記入していたなどということになると、商品提案がお客様の実情にそぐわず、商品の適合性はぐちゃぐちゃになってしまいます。

ですから、個人情報をご提供いただく際には、**販売員がしっかりフォローしてお客様の意向と相違がないか、正直に資産を記入していただいているかなどを確認しなくてはなりません。**

**POINT**

**お客様に適した商品が提案できないなど、情報が必要な理由をお伝えし納得いただく。法律上の手続きであることも説明すれば、たいていわかってもらえる。**

Q
14

お客様への接し方が難しい。

**フレンドリーだと責任感がなさそう**だし、**きっちりしていると距離が縮まらず、親密になれない。**

どうしたらいいでしょう?

A

お客様との距離が縮められるかどうかは、こちらの勉強度合いにかかっていると思います。お客様が悩んでいることを相談したいと思える相手は、やはり勉強していて知識の多い人でしょう。医者でたとえるなら、注射もろくにできない研修医に健康上の悩みを相談しようとは思いませんよね。同じ研修医でも、ちゃんと勉強している人なら診てもらいたいと思うでしょうし、今診てもらっている症状以外にも実は腰も痛くて、家族にもこういう症状の人がいて、といったようにどんどん話が広がっていくことでしょう。

そう考えると、お客様との距離が縮まらない原因は、接し方にあるわけではないと思われます。**フレンドリーかどうかということは二の次で、まずは自分がしっかり勉強して、お客様に信頼してもらえるようになることが一番大事**だと言えます。

証券会社にも、ゴルフ接待ばかりやって、それでお客様との距離を縮めていると勘違いしている人も結構多かったですが、大切なのはそこじゃないですよね。

フレンドリーに接するかどうかは、人と人とのコミュニケーションの問題であり、お客様がきちんとした態度を望む方なのか、フレンドリーに接してほしい方なのかによって変えればいいでしょう。

POINT

**問題なのは接し方ではなく、しっかり勉強をして、お客様に信頼してもらえるだけの知識を身につけているかどうか。フレンドリーかどうかはそこまで関係ない。**

# Q 15

投資がうまくいくかどうかは金融機関の担当者にかかっているので、

**もっとベテランの優秀な担当者に代わってほしいと言われました。**

どう答えたらいいですか？

**A**

一般的に言えば、「ベテランの担当者に代わってほしい」と言われたら、それに応えるべきだと思います。お客様の言うとおり、担当者によって資産が半分になるか倍になるか変わってくるからです。

そこを、お客様が言っていることを無視して「あなたの担当は私なので、頑張りますからよろしくお願いします」と言って無理やり取引を進めたら、パフォーマンスが悪かったときに大問題になります。そこは、お客様の納得のいく担当者に代わるべきです。

もっとも、これは証券会社の場合であり、銀行の場合だと、地域担当などがありますから、そうもいかないことが多いでしょう。その場合には、**上司が同席するなどの対応を考えるべき**でしょう。

お客様には「担当者には合う合わないがありますので、次の担当者がお客様にとって良くないと思われた場合は、またおっしゃってください」と伝えておくとよいと思います。

他の担当者に変更できるということは、ある意味、その担当者は自らが選んでいるという納得感をお客様に与えるため、問題が起こりにくいです。つまり、お客様に選択肢があることを提示しておくことが重要なのです。

POINT

**担当替えが可能なのであれば代わったほうが無難。それが無理なら、上司が同席するなどの対応を考える。あくまでお客様の選択であることを示しておく。**

Q

16

投資に詳しいことを自負しているお客様に、機嫌を損ねることなく現状とは別のプランを提示したり、現在のプランの欠点を指摘するにはどうしたらいいでしょうか?

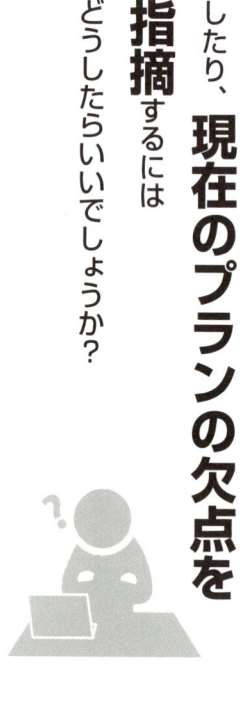

お客様の意向はあくまでお客様の意向であって、我々の存在意義というのは、それをもとにアドバイスすることにあります。それこそが顧客本位につながるのであり、お客様自身がアドバイスを求めていないのであれば、インターネットでご購入いただくか、単純にオーダーだけ出せばいい話です。

しかし、そうはいっても、窓口にやってきて「俺のほうが詳しいんだ」とこちらのアドバイスを聞いてくれないお客様はたくさんいらっしゃいます。私が証券会社に入社したての頃、勤務地が大阪だったので、「あんた入社何年や？」と聞かれることはざらでした。

「俺は30年も株をやっていて、いいことも悪いことも誰よりも詳しいんだよ」なんて言われてしまうと、入社したての私からしたら、とても経験値では対抗できません。ですから、そういったお客様に対しては、**自分がどれだけ勉強しているかをアピール**していました。「このテーマについては、今この瞬間、自分ほど詳しく調べている人はなかなかいないと思います」くらいのことは言っていたと思います。

とはいえ、お客様の考え方やプランを頭ごなしに否定するのはよくありません。**ひとまずはお客様のプランを受け入れたうえで、気になる点を挙げ、「ここの部分は私のほうで少し調べておきますね」と宿題をもらって、その回答のかたちで提案を行う**というのがいいのではないかと思います。

医者の例で言うなら、患者さんが「この薬が欲しい」と言ってきたとしても、やはり症状をしっかり見て、その症状に合う薬を出さないといけませんよね。それと同じで、お客様が正しいと思っていても、私たちはきちんと現状分析して、一歩も二歩も踏み込んだご提案をしなければなりません。そのためには、私たちのほうがお客様よりも多くの知識を持っていないといけないのです。

**POINT**

**まずはお客様の話を聞かせてもらい、それを受け入れよう。そのうえで、気になる点を調べてくるという形で提案を行う。いずれにせよ、十分な勉強は必要。**

# Q17

長年お取引いただき、それなりの額の投資信託をご購入いただいているお客様なのですが、ご高齢で、最近時々、

## 判断能力が低下してきているのではないかと疑われる

ような言動を見せることがあります。こうした場合、どのような対応をとるべきでしょうか？

**A**

まず、窓口での面談か、お客様のご自宅を訪問しての面談かにかかわらず、**会話の録音はしておいたほうがいい**でしょう。「ご説明しました」といくら言っても、お客様に「そんな話は聞いていない」と言われてしまったらもう打つ手がありません。その点、会話の録音は重要な証拠になります。

どこの金融機関でも、コールログといって、録音以外にもお客様との会話内容を残しているはずですが、コールログを残していても、お客様が「聞いていない」と言えば話していないことになってしまいます。ご高齢の方は特に記憶力が低下しているかもしれませんから、やはり録音が重要です。

対面であれば、お客様に許可を取らずに録音しても、法律違反にはなりません。自分がいない席で他人同士の会話を録音すると盗聴になりますが、自分が対面しているお客様との会話をレコーダーを隠して録音しても問題ありません。そもそも電話での会話は、証券会社の場合には通常、自動的にすべて録音されていますからね。

あとは、**自分一人ではなく、第三者に入ってもらって面談する**ことも対策になります。訪問する際は一人ではなく、だれかと一緒に伺い、お客様への対応を複数人で行います。

お客様の判断能力が低いような場合には、自分一人の責任で担当するのではなく、組織として対応する、場合によっては変動商品の案内は行わない、などの判断を下すこともあります。また、代理人契約により代理人を立てていただく場合もあります。

**POINT**

**まずは会話を録音するようにしよう。コールログだけでは不十分。また、複数人で対応するようにしたり、変動商品の案内は行わないようにすることも検討しよう。**

Q
18

# 紹介されたお客様の情報は、紹介者にどの程度まで報告してもよいのでしょうか?

A

**どのような商品を購入されたか、資産をどの程度持っているかといったことは、お客様の個人情報に関することですので、報告してはいけません。**もちろん、ご紹介してくれたお客様からは「どう、うまくいってる？」と必ず聞かれるでしょうが、「おかげさまで仲良くさせていただいています」くらいの報告に留めるようにしましょう。

そうすることで、紹介したお客様も、「この人は、私の情報もしっかりと守ってくれているに違いない」と思ってくれるでしょう。

POINT

購入した商品や保有資産などは、紹介者に聞かれても絶対教えない。取引について聞かれても、漠然とした報告にとどめておく。

# 第4章

# アフターフォローの悩みが解決するQ&A

Q

01

販売した投信の基準価額が変動するたびに

# 「今日は何でこんなに下がったの?」と連絡が頻繁に来ます。

無視するわけにもいかず、必死で調べて回答していますが、

# 時間を取られすぎて困っています。

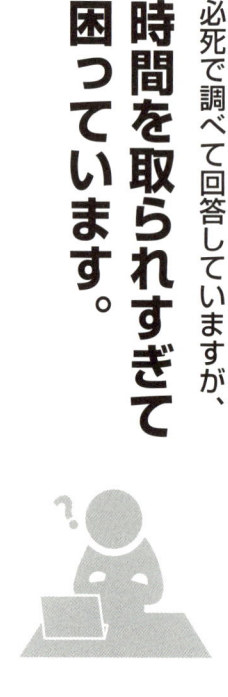

A

投資信託はもともと頻繁に売買するものではないので、**中長期的な視点で考えてくださいということを説明する**ことが必要です。そのうえで、「マーケットが大きく変動したときには、私のほうから連絡させていただきます」と付け加えるといいでしょう。あと、頻繁にレポートを欲しがる方には、**インターネットでの確認方法をお教えする**ということですね。

もちろん商品によって対応が変わってくることもありますが、基本的には、「あまり結果を焦らないでください」ということをお伝えするようにします。そして、今自分が調べていることなど勉強をしていることを伝えます。そうすることで、「この人はよく勉強しているから大丈夫そうだな」と、お客様の安心感にもつながるはずです。

**POINT**

中長期的な視点で考え、結果を焦らないように説明する。頻繁にレポートを欲しがるお客様には、インターネットでの確認方法を教えよう。

# Q 02

お客様の相場観がハイリスクだと感じたので、
それを指摘し、お客様が当初考えていた商品とは
別の商品をすすめました。
しかし、その後、そのお客様から

**「あの商品を買っていたら**
**ものすごく儲かったのに」と**
**お怒りの連絡が。**

こういった場合、
どう対応したらいいでしょうか?

A

こうしたクレームは、本当によくあるものです。ただ、だからといって、お客様から「この商品、いいと思うんだよね」とご相談を受けたとき、そのまま「そうですね。いいと思います」と言うだけでは、金融機関の人間として、付加価値を提供することにはなりません。極力こちらの考えをお話しすることは、基本的なスタンスとして重要なことです。

また、注意喚起するだけでなく、私たちのほうから積極的に商品の提案をすることはとても大切です。もちろん予想が外れる可能性はありますが、顧客本位の真髄はそこにあると思うのです。単にリスクの指摘をするだけでは、お互いに時間の無駄になってしまいますからね。

もちろん、それが質問のようなクレームにつながりやすい面は確かにあります。**そのときには、自分がなぜ別の商品をすすめたのか、その理由を再度ご説明する**ようにしましょう。

お客様がいいと思った商品を「リスクが高いのでご注意ください」と言ったこと自体に間違いはないわけですし、「私は相場がこうなると思ったからこちらの商品をおすすめしたのですが、本当にお客様の言うとおりに相場が動きましたね」というように共感は示しつつ、なぜ自分が違う商品をおすすめしたのかをご説明するのです。

そうした説明もなく、お客様のクレームに対してただ謝罪するだけでは、単に適当なアドバイスをしたとみなされてしまいます。そこの説明はしっかり行っておくようにしましょう。

**POINT**

**そのときの指摘が間違っていたわけではないので、お客様の言うことに共感を示しつつ、なぜそのとき、自分が別の商品をすすめたのかを再度説明する。**

# Q 03

**おすすめした投資商品でお客様に大きな損失**が出た場合、**どのように対応**したらいいのでしょうか?

**A**

損失が出てしまったら、**その商品を売るべきなのか、むしろ買い足すべきなのかということを徹底的に調べます。**お客様が一番知りたいことも、多分それなのだと思います。

もちろん、第3章で述べたように、提案した理由や損失が出てしまった原因についてご説明することも必要なのですが、**最も重要なのは今後どうすべきか**です。ただ単に、これ以上損をしたくないから売ってしまいましょうというのではなく、その中身をよく見て、「今は下がっていますが、割安感は高まっていますので、売らずに持っておきましょう」というアドバイスがいいかもしれないですし、「本当にいい商品だと思いますので、お客様の資産状況から考えると、もう少し買い足してもいいかもしれません」というアドバイスがいいのかもしれません。

今後どうすればいいのかを徹底的に考えて、良いと思う方向へお客様を導かなくてはなりません。それこそがお客様が一番望んでいることです。

具体的なトークとしては、例えば、「北朝鮮がミサイルを発射してマーケットが崩れたところに、円高に振れて余計にマーケットが崩れたのが値下がりの原因であり、落ち着いたら相場は元に戻ることが多いというのが過去の経験から言えることです。ここは追加で買ってみるのもいいかもしれません」といった話をしたり、企業業績の観点からであれば、「マーケットの地合いで崩れてしまっただけで、決算状態自体には問題がないので、このまま保有していただくか、追加で買ってもいいかもしれません」といった感じの話をするといいでしょう。

いずれにしても**「すみません。申し訳ございません」だけではお客様は憤りを感じてしまう**でしょう。

POINT

最も重要なのは、その商品を売るべきか、むしろ買い足すべきなのかを徹底的に考えて、お客様にアドバイスすること。謝るだけではお客様は納得しない。

# Q 04

相場が下落し、保有している投資信託が
含み損を抱えたお客様から、
「こんなに下がるようなものとは聞いていない」
と言われました。それに対して

**「リスクは説明しています」と**
**返事をしたところ、お客様の**
**怒りはさらに大きくなり、**

上司からの連絡が欲しいと言われました。
こうした場合、
どう対応したらいいのでしょうか?

A

これは本当によくある話で、証券会社が訴訟で負けるケースも多い事例です。リスクを説明したことと、お客様がそれを理解していることは別物で、こちらがリスクは説明したと言い張ってしまうと、お客様は、説明は受けていないと主張し、弁護士と組んで戦ってきますから、本当に気をつけて対処しなくてはなりません。

そもそも、**「こんなに下がるものとは聞いていない」と問い合わせが来ること自体がすでに問題**で、そうしたことを言われないような信頼関係を日頃から築いておかなければなりません。

しかし、現実に、お客様が怒ってしまい、緊迫した雰囲気になることは多々あります。そのような状況では、お客様は「こんなリスクがあることは聞いていない」「完全に騙された」「元本は守られると聞いている」など、ほぼ100％過剰に言ってきます。それに対して、こちらが「それは言っていません」などと答えてしまうと、「言った」「言わない」の押し問答になって、結局は弁護士に相談に行ってしまって、どんどんと問題が大きくなってしまいます。

では、これに対してどう対応すればいいかというと、**お客様とのやりとりを、接触履歴を確認しながら、それこそ最初の挨拶の段階からさかのぼって振り返る**しかありません。具体的には「こういう理由でご提案させていただき、リスクについてはこういうものがあってとご説明し、それに対してお客様はこういうことをおっしゃって…、私もそうだと思ったので金額はこのくらいにして、期間は中長期でも大丈夫とおっしゃっていたので、こういう感じで話を進めさせてもらい…」といった具合に、一つ一つ丁寧にさかのぼっていきます。

お客様の言っていることをある程度受け止めることも重要です。「私はかなりいい商品だと思っていたので、強めにおすすめさせてもらった部分もありますが、正直こんなに下がるとは思っていませんでした。ですが、以前見ていただいたチャートからも過去にはこのぐらい動いていますから、今回のこともあり得る範囲ではありました。それで、今後どうしたらいいのかということですが…」というように**自分の非はある程度認めつつ、この先の対策にまで話を持っていく必要があります。**

「できる限り損になりにくいものというお話でしたよね。本当に、私もここまで下がるとは思っていなくて」というようにお客様のご意向、気持ちを汲み取りながらも、「できる限り損になりにくいもの」という話だったこと、要は、元本保証でないことはお客様自身も理解していたという点を明確にしていきましょう。リスクの説明や商品購入に至った経緯を突き詰めて、事実確認をすることが重要です。

あとは、身体の具合が悪くなったときにはそれを治してもらいたいと思うのと一緒で、お客様は立て直し策を教えてほしいわけです。例えば「以前にも同様の値動きはありましたが、その後上がっているので、今後どうなるかは保証できないですが、今回も上がると思っています」といった感じで、**チャートを見せながら自分の意見を織り交ぜて対策案を示すことが大切**となります。

今までの経緯をさかのぼって、お客様が納得して購入したことを確認することも大事ですが、それと同時に、次に何を買ったらいいのか、または売ってしまったほうがいいのかをご提案することが本当の顧客本位なのだと思います。

POINT

「言った」「言わない」の押し問答にならないよう、お客様とのやりとりを最初から振り返るとともに、相場観の非をある程度認めつつ、対策にまで話を持っていく。

# Q 05

買っていただいた投資信託が値下がりし、お客様から「売ったほうがいいかな」と相談がありました。それで、

**「中長期での保有が望ましいと思います」と回答**し、

お客様はそうされたのですが、

**そこから相場がさらに悪化してクレームに。**

私の対応は間違っていたのでしょうか？

**A**<

投資信託は基本的には中長期で保有していただくものなので、マーケットが崩れた時も基本的には売らずに保有していただきたいとご説明します。ただ、相場がいいときには想像しにくいですが、マーケットの崩れは普通に起こる現象です。

売買を繰り返せばそれだけ手数料がかかりますし、短期での売却だと面倒な手続きが多いことから見ても頻繁な売買には適していません。なので、**中長期の保有が望ましいという答え自体は間違っていません。しかし、そうは言っても、お客様に納得していただくためにはその理由を示さないといけません。**

単純に、投資信託イコール中長期的に保有するものという説明ではなく、「中身がこうなっているから、中長期的に持っていただくことで最終的なパフォーマンスの向上が見込めます」といったように具体的にご説明しましょう。

特に相場が下がっているときのお客様は敏感であり、単純に「中長期的に保有してください」と言うだけでは適当に言っているように聞こえやすいので、表現の仕方には注意が必要です。

また、お客様から「この商品、値下がりしているけど大丈夫？」と問い合わせがあった際、値下がりしていることを知らないようではお客様の不信感は募ります。値下がりの理由はもちろんのこと、そのまま中長期で保有すべき商品なのか、売ったほうがいいのかをきちんと把握しておかなくてはなりません。

実際には、売ったほうがいいケースも多々あります。リーマン・ショックのときも、売った者勝ちのような状況でした。

あと、**損失が出たときには、お客様のリスク許容度を再確認することが不可欠**となります。他の金融機関でも損失が出ているかどうかもお聞きして、含み損がどのくらいあって、お客様の今後の資産形成にどのくらいの影響が出るのかを確認しなくてはなりません。

リーマン・ショックのときには、それを確認したかしなかったかが訴訟の勝敗にも大きく関わったそうですから、これは本当に重要なポイントです。

マーケットが大きく崩れたときは、お客様のリスク許容度を改めて確認する。それが金融マンのやるべきことです。**本当にお客様が耐えうる損失の範囲なのかを再度確認し、親身になって考える**ことが顧客本位につながることでもあります。

POINT

相場下落時に中長期保有をすすめるのは間違っていないが、その理由の説明をしっかり行えていたかが問題。加えて、リスク許容度の再確認も欠かせない。

Q

06

お持ちの投資信託が値上がりし、

# いったん売却して利益を確定させるか、それとも継続保有するか

悩んでいるお客様がいます。
こうしたお客様に対しては、
どのような考え方で、
どのようなアドバイスをしたら
いいでしょうか？

A

こうした場合、**まず選択肢の一つとして考えられるのは、半分売却**です。利益の額や購入金額、その人の相場観にもよるのでケースバイケースですが、売却を半分にすることで、ポートフォリオが大きく崩れるのを避けられますし、売却したお金で違うアセットを購入することもできます。

証券会社のお客様だと、売却したお金は次の投資に回すケースが多いのですが、そうした場合は、次にどの商品を買うかが決まっているかどうかもポイントになります。株の場合は、1回売却して、しばらくしていい銘柄が出てきたら買いましょうというご提案もよく行います。

リスク許容度が高い方であれば継続保有もいいと思いますが、リスク許容度がそれほど高くないのであれば、1回売却して利益確定してから違う商品柄を購入するほうが安全です。

このあたりは、多くの資産を投資に充てることができるお金持ちが、さらにお金持ちになっていくロジックでもあります。継続保有するかどうかはその方の資産レベルによりますが、いずれにしても、半分売却する選択肢を最初に考えてみるといいでしょう。

とは言っても、金融機関は契約を積み上げるストックビジネスなので、投信の売りを積極的にはすすめづらい面もあります。特にいまは回転売買に対する金融庁の目が光っていますから、売らずにとりあえず持っておいたほうがいいという風潮は業界内で強まっています。保有していれば継続的に信託報酬が入るので、売買手数料よりも評価されるということもあるのでしょう。

しかし、私から言わせれば、それこそ顧客本位から逸脱しているのではないかと思わざるを得ません。**お客様の属性やその時々の状況を踏まえて対応すべき**です。例えば、あまりにも急激に値上がりしたときは市場が過熱しているのかもしれないので、1回売却しておくのが正しい選択かもしれません。それなのに、何でもかんでも売らずに保有をすすめるのは投資リテラシーが低いとしか言いようがありません。

**お客様を正しい方向へ導くことは私たちの役目であり、インターネット取引とは違う、対面による取引がもつ付加価値です。**

しかも、ちょっと投資に詳しいお客様であれば、保有し続けることによって銀行が信託報酬を稼げることはわかっていますから、不信感を与える原因にもなりかねません。そのあたりをよく認識したうえで対応しましょう。

**POINT**

**半分売却というのが最初に考えられる選択肢だが、あくまでケースバイケース。投資パフォーマンスとして何がよさそうかを踏まえて対応することが必要。**

# 第5章

# 情報収集・勉強法の悩みが解決するQ&A

Q

01

投資にもっと詳しくなって、
お客様に適切なアドバイスや提案が
できるようになりたいのですが、

# 仕事が忙しくて勉強の時間がありません。

どうしたらいいでしょうか？

A

勉強する時間がないという場合、**一緒に働いている皆さんと話し合うのが効率的に知識を吸収できる方法**かと思います。「今どの商品がいいと思う？」といった意見を互いに出し合うのです。自分で調べるだけでは限界がありますが、いろいろな人から話を聞くことで自分の見地も広がります。

私が野村證券にいたときは、**成績のいい人に質問する**ことが仕事の一部になっているくらいでした。1年目のときは全然仕事ができなかったのですが、仕事ができる先輩に内線をかけて「すみません、どういう商品、どういうセールストークがいいでしょうか」ということを恥ずかしい思いをしながら聞いていました。

次第に自分も年次が上がって成績が良くなると、今度は逆にそうした電話がかかってくるようになってきて、後輩に頼りにされ、うれしかった記憶があります。

私は常々、なぜ金融機関にはこのような仕組みがないのかと思っています。ただ単に会議で上から下へ一方通行の情報伝達をするだけでなく、お互いの知識を共有する場を設けるべきではないでしょうか。どのような形で行うかはともかく、知識の共有は絶対にしたほうがいいと思っています。

**職場以外のコミュニティーを見つける**のもいいでしょう。私は株式を提案するのが好きなのですが、株の売買益だけで生計を立てている人たちが10人くらい集まってディスカッションする場に参加させてもらうことがあります。みんなが本当にいいと思う銘柄をどんどん出して情報交換するので、効率的に知識が深められます。

銀行で働いているのであれば、他行の人や証券会社の人などとのコミュニティーを自ら開拓してはどうでしょうか。お医者さんが学会で集まるのと同じで、要は**研究した人から教えてもらうのが手っ取り早い**ということです。

POINT

**先輩や同僚など職場の人から話を聞いたり、教えてもらう場をつくろう。職場以外のコミュニティーに参加し、情報交換することも効率的な学びの場となる。**

# Q 02

お客様に合った投資商品を提案しろと言われますが、
そもそも**商品数が多すぎて、**
**全部の商品の内容なんて**
**把握できません。**
どうしたらいいのでしょうか？

「顧客本位の業務運営」ということを考えると、自分のところで扱っている商品だけでなく、世の中にある金融商品をすべて把握したうえで「お客様にはこの商品がおすすめです」と言えるのがベストですよね。

それはもちろん現実には無理な話ですが、それでもやはり、他社の商品も含めて一通りは勉強すべきです。ただ、そのすべてについて深く勉強することは難しいでしょうから、私がおすすめしたいのは、**いろいろな商品を勉強していく中で、特に自分が興味をもった分野についてよく研究し、その分野の知識を増やしていく**ことです。

例えば、私が野村證券で1年目のときによく調べたのが、オーストラリアドルの債券でした。他社にはどんな商品があるのか、為替手数料はどうなっているのか、どのくらいの商品ラインナップがあるのか、ということをとことん調べました。そういう細かいところまで知識のある証券マンはなかなかいないので、お客様から信頼していただいていたと思います。

自分がいいと思える分野を見つける、得意分野をもつということが自分の強みになります。**ある程度いろいろな商品は勉強したうえで、自分の得意分野を極めていきましょう。

POINT

一通りの商品は押さえたうえで、あとは自分が興味をもった分野を特によく研究し、得意分野として極めていこう。それがお客様の信頼につながる。

# Q 03

今年から新たに投資信託の販売を
担当することになりました。
**お客様に自信をもって**
**運用アドバイスができるよう、**
**いろいろ勉強していきたい**
と思うのですが、
どんな勉強をしたらいいですか?
**おすすめの勉強法**
があったら教えてください。

A

銀行の皆さんも同じだと思いますが、新人のときというのは、いくら会社から勉強の機会を与えられ、どんなに頑張って勉強しても、なかなか頭に入らないものです。これはなぜかといえば、お客様がいないからです。つまり、アウトプットする場がないので、いくら勉強しても知識も情報も身につきにくいのです。

ところが、お客様がつくようになると、「この話をしたら、あのお客様はどんな反応をするかな？」「この資料を見せたらこう言われるだろうから、こっちの資料も用意したほうがいいな」と、より実践的なシミュレーションを行うようになります。そうなると、情報の拾い方が全く変わってきます。

このように、実際に提案を行う機会がある中での勉強はすごく身につくのですが、提案の機会がないと、この投信はどうなんだろうと深く考えることにならず、勉強が身につきにくいことは間違いありません。

ですから、実践的な知識や情報を身につけようと思ったら、実際にお客様に商品をご紹介したりアドバイスする状況に、想像の中でも身を置くことが有効となります。そのためには、**まず、自分が買うとしたらどれを選ぶか、**

**購入する商品を探してみましょう。** 10ファンドくらい選んでみるといいと思います。自分が購入するという前提であれば、その商品について詳しく知りたいと思うはずです。もしくは、自分がお金持ちになった場合に買いたい商品を考えてみるのもいいでしょう。**買おうと思ったとき、もしくは実際に買うときにどんな情報が欲しいかというのを勉強するのが一番いい方法**なのです。

できたら少額でもいいので、自分で購入してみるくらいの気持ちでいたほうがいいでしょう。実際には買わなかったとしても、本気で買う気持ちで探してください。

**この探す作業が重要で、自分で購入するならどれだろうと考えれば、真剣になります。そうすれば、理解しにくいポイントや、お客様が不安に感じるであろうポイントが自ずとわかってきます。**

このように商品内容の勉強は、説明を受ける側の視点に立ち、アウトプットを想像しながら行うことが大事です。

POINT

自分ならこれを買うという商品をまずは探してみよう。勉強すべきポイントもわかり、知識が身につきやすくなる。勉強は常にアウトプットを意識して行おう。

Q

04

# 証券会社のトップセールスの方は、日頃どのような情報収集をしているのでしょうか。

参考にしたいので、教えてください。

A

これは証券会社に限らず、銀行などの皆さんにも言えることだと思いますが、お客様に金融商品のご紹介をする人間として、マーケットや商品に関する日頃の情報収集や勉強は非常に大切です。

それも、単に新聞を読むとか、そういうレベルではなく（新聞はお客様も読んでいらっしゃいますから、そのレベルでは価値のある情報提供にはなりません）、自分の独自の勉強が必要になります。

もちろん、そうはいっても、現実には証券会社の中にも、あまり勉強していないセールス担当者は少なくありません。ただ、そうした勉強していない担当者は、やはり成果は上げられていませんでしたね。

野村證券で働いていたときには、先輩から「いますごいお金持ちが現れたとして、『どの銘柄がいいの』って聞かれたらなんて答える？」といった質問がいきなり飛んできました。それに答えられなかったら、お前全然勉強してないなって、すごく怒られるのです。それはもうすごくプレッシャーで厳しい世界でした。

ですが、それに答えられなければお客様を導くこともできませんし、答えられなかった自分を反省するいい機会でもありました。そうした先輩たちに鍛えられ、今度は自分が質問する側になったときには、勉強している人としていない人がはっきりわかりましたね。

少々前置きが長くなりましたが、ここでは、私が行ってきた情報収集のための勉強法をご紹介しましょう。

個別株式の話なので、銀行の皆さんの場合、なかなかここまではできないでしょうが、**私が実践している勉強法の一つに、割安の銘柄を探すため、上場している3600社をスクリーニングして洗い出すという作業があります。**３６００銘柄すべてについてＰＥＲとＰＢＲが何倍以下という基準でフィルタリングして、そこで出てきた会社について、さらにどのくらいの進捗率で、どのくらい成長しているかを全部見ていくのです。

本当にいいと思った銘柄を絞り込んだら、ＩＲで発表されている情報を確認して、ＩＲに電話をかけます。ＩＲ情報を見ると、いろいろな疑問が出てきます。例えば、いまマーケットシェアは何％なのかなど、ホームページには載っていない情報についてです。そういった疑問を電話で直接問い合わせしていくと、その企業の実態が見えてきます。

想像どおり、いい銘柄の場合もあれば、その逆に、実は思ったほどよくない銘柄だったという場合もあります。要はファンドマネージャーが企業を訪問するのと一緒ですね。その企業をより深く理解して一つの判断材料にするということです。

このようにして、最低でも月に一度は、すべての上場企業の中からいいと思う銘柄を探すようにしています。**自分の中でランキングを作る**感じです。

また、新聞を読む際には、**企業業績の予想修正を必ず確認**するようにしています。業績の予想は、ほとんどの企業が決算時に開示しています。実際の業績が当初の予想から乖離していた場合、上方修正や下方修正をします。会社が想定した予想を変えるということは、何かが起こっていると考えられます。

上場企業は3か月ごとに決算を発表しなくてはいけないので、それを見れば業績の状況が確認できます。業界動向などを見るうえで極めて重要な情報であり、どの企業が伸びているのかといった全体像を把握しておくことはたいへん重要です。お客様との会話にも使えるので、これを知っていれば、信頼を得る要素の一つにもなります。

余談となりますが、現在、企業の業績を見ると、平均でバブル期の2倍以上の利益が出ています。ところが、ほとんどの人がその事実を知りません。仮に「今はバブル期と比較して日経平均株価が落ちていますので、一般的には日本の企業は利益が減っていると思われていますが、そんなことは決してありません。全体として業績は大幅に伸びており、一方で、バブルがはじけて株価は下がっています。改めて株式の価値を見極めるときが来ているのではないかと考えます」といった提案ができれば、本質的な視点をもつ提案となり、この人は勉強しているんだなと、お客様に思ってもらえるのではないでしょうか。

POINT

全上場企業からＰＥＲやＰＢＲで絞り込んだ割安の銘柄についてＩＲに情報確認したり、新聞で企業業績の予想修正をチェックするなどは欠かさない。

［著者紹介］
**伊東 修**（いとう・おさむ）

株式会社クラウドファンディング代表取締役社長。

中学時代に投資の世界に生きることを決め、2002年に野村證券株式会社に入社。３年連続で全国同期中トップの営業成績を収める。この営業成績は引き継ぎ無しで成し遂げられたものであり、自らが新規に開拓した顧客のみでの３年連続トップは野村證券史上初。

2006年にヘッドハントされ、米モルガンスタンレー証券に入社。法人営業に従事しながら、リーマン・ショックさなかの2008年に同社のヴァイスプレジデントに昇格する。

2013年に独立し、株式会社クラウドファンディングを創業。2014年に第２種金融商品取引業を登録。インターネットで事業投資ができるインフラ「jitsugen」と、証券会社と営業マンを選ぶことができるプラットフォーム「投資のパートナー」を作る。現在も投資を通じて世の中を良くしたいと本音で考え、活動している。

著書に『本音だけで売れる』（電子書籍。きこ書房）がある。


元・野村證券トップセールスが完全解説！ **投信の売り方**

2018年 8月15日　発行
2018年10月22日　第２刷

著　者 ―― 伊東 修
発行者 ―― 楠 真一郎
発　行 ―― 株式会社　近代セールス社
〒164-8640　東京都中野区中央1-13-9
電 話（03）3366-5701
FAX（03）3366-2706

本文デザイン・DTP ― 里村万寿夫
編集 ―――――――― 飛田浩康
編集協力 ――――――― 永井志樹子
印刷・製本 ――――― 株式会社三友社


ISBN978-4-7650-2117-3